Martin Schleker
Das Vespertäschle

Martin Schleker

Das Vespertäschle

Eine Jugend – meine Jugend

Mit einem Vorwort von Felix Huby

Silberburg-Verlag

1 2 3 4 5 08 07 06 05 04

Umschlaggestaltung: Anette Wenzel, Weimar,
unter Verwendung einer Fotografie
aus dem Privatbesitz des Autors.
Druck: Gulde-Druck, Tübingen.
Printed in Germany.

ISBN 3-87407-580-X

Inhalt

Statt eines Vorwortes ein kleiner Brief an einen Freund

Lieber Martin,
deine Stücke habe ich, sei es in Esslingen, in Tübingen oder – da am allerliebsten – im Naturtheater in Hayingen, mit stets gleich bleibender Bewunderung gesehen. Ach, wenn ich das doch auch könnte, hab' ich manchmal gedacht.

Den Schauspieler habe ich nicht weniger bewundert. Unvergessen, wie du in Hayingen vorne auf der Bühne, also auf dem Mäuerle standest, als Mönch, die Hände zu einer Schale geformt, und hineingeblasen hast und gut tausend Menschen haben den Atem angehalten, weil sie glaubten, eine Seele zum Himmel aufsteigen zu sehen.

Und nun diese Geschichten! Mein Gott, sind die schön erzählt – voller Wärme, voller Wissen über unsere Heimat, voller Kenntnis der menschlichen Seele. Ich kenne alles, was du da erzählst: den Pferdeschlitten, die Nähmaschine, die in deiner Phantasie mal ein Flugzeug, mal ein Auto ist, den

Schafstall, in den man zu Kriegszeiten die Gefangenen gepfercht hat. Es ist ja auch meine Kindheit gewesen.

Und die erste Liebe. Das ist überhaupt die schönste Geschichte für mich in diesem Buch, wie du als »Ladenhüter« im Schuhgeschäft auf die Elfriede wartest und singen möchtest: »Horch, was kommt von draußen rein ...«, und du kriegst keinen Ton heraus, als sie vorbeitrippelt. Dennoch hat sie dich vielleicht angelächelt und dir so die Chance gegeben, noch ein paar Wochen verliebt zu sein.

Man kann sich nur wünschen, dass viele, viele Älbler und Nichtälbler, Schwaben und Nichtschwaben, Gscheite und weniger Gscheite dieses Buch in die Finger kriegen. Sie werden es nicht aus der Hand legen, bis sie alle Geschichten kennen.

Und von dir, lieber Martin, wünsche ich mir, dass du weiter viele solcher wunderbaren Geschichten schreibst.

Von Herzen
dein *Felix Huby*

Schuster, schmeiß nicht mit dem Leisten!

Au! Das hat wehgetan!
Eine Bürste? Ein Schuhleisten? Oder was hab ich da ins Kreuz gekriegt?

Du Herrgottsackermentsaff, du! Das muss ich auch noch hören, dann bin ich draußen aus der Schusterwerkstatt und bin drei Stufen runtergepoltert in den Kohlenraum, von dem aus es ins Freie geht, nach hinten raus, in den Hof.

Du Herrgottsackermentsaff, sagt dieser Schuster zu mir und schmeißt mir eine Bürste oder was ins Kreuz! Ich bin doch der Sohn von seinem Chef!

Wir haben einen Schuhladen gehabt, voll mit neuen Schuhen, und eine Schusterwerkstatt, voll mit alten Schuhen, und ein Schuhmachermeister hockt da hinter seinem Werkstatttisch und ein Geselle ihm gegenüber. Und riechen tut's in der Werkstatt! Wunderbar! Nach Ago riecht's, dem Klebstoff, und nach neuem und altem Leder und – ja, ich weiß nicht, nach was sonst noch. Wunderbar jedenfalls. Und ein herrlicher Spielplatz ist die Werkstatt für mich gewesen. Wie alt war ich da? Das war noch während des Zweiten und kurz nach dem Zweiten Weltkrieg. Da bin ich so zwischen acht und zwölf Jahre alt gewesen.

Als ich zehn war, da war der Umsturz 1945, da war ja der Krieg aus. Da sind die Franzosen gekommen, da haben wir Buben was ganz anderes zu tun bekommen. Aus den Depots der Franzosen Lebensmitteldosen, Zigaretten und Streichhölzer klauen. Klauen? Das war ja nicht geklaut, organisieren hießen wir das. Einmal ist ein Marokkaner hinter mir her gerannt und weil er mich nicht erwischt hat, hat er mir seinen Stahlhelm hinterher geworfen. Der hat mich aber nicht ins Kreuz getroffen, der ist in den Brennnesseln gelandet, hähä.

Die sind uns sowieso zu überraschend gekommen. Wir haben doch als Zehnjährige noch Schützengräben ausgehoben, und wir wollten mit einem Maschinengewehr aus einem erbeuteten amerikanischen Panzer vom Kirchturm runterschießen, bis sie den Kirchturm unter uns zusammengeschossen hätten. Hatten wir fest vor, aber – die Franzosen.

Also wahrscheinlich fast zehn Jahre alt war ich, als ich jeden Tag in der Schusterwerkstatt war. Nein, doch schon ein bisschen älter auch. Die Werkstatt hat's doch nach dem Krieg erst richtig gegeben. Jaja, ich war da schon ein bisschen größer. Ich hab ja auch schon mal einen Schuh über den Amboss ziehen und Holznägel in die Sohle nageln dürfen. Und auch sogar richtige Nägel. Damals gab's ja noch Sonntagsschuhe und Arbeitsschuhe, die ja alle genagelt worden sind, und vorne und hinten hatten sie Eisen. Die hab ich auch schon draufnageln können.

Die Holznägel haben mit einem Schlag in der Sohle verschwinden müssen. Das hätten die natürlich nicht getan, wenn da nicht vorher Löcher gestichelt worden wären. Und genau diese Stichel, die hatten es mir angetan. Die hatten einen Holzgriff, in dem steckte ein spitziger Stift, der stach die Löcher für die Holznägel. Ein leichter Schlag mit dem Hammer auf den Holzgriff, und fertig war das Loch. Da ist dem Stichel nix passiert. Anders bei mir.

Mit den Sticheln hab ich nämlich spächten können, so wie wir Buben auf der Wiese mit angespitzten Stecken gespächtet haben. Haben wir leidenschaftlich betrieben. Einer haut seinen Stecken in den Boden. Den gilt es mit dem nächsten Stecken herauszuhauen. Also hat der Zweite seinen Stecken reingehauen, so, dass er den ersten mindestens mal schief haut. Da kann ihn der Dritte vollends umhauen, sodass die Spitze nicht mehr im Boden steckt, dann ist der Bub mit diesem Stecken der Verlierer, die zwei andern machen weiter. Das haben wir zu zweit, zu dritt, zu viert oder fünft gespielt. Ich, in der Werkstatt, allein, leidenschaftlich, mit drei Sticheln, die ich mir vom Werktisch geschnappt hab. Einen Stichel hinein in den Holzboden, der zweite sollte den dann um- oder gleich raushauen. Schaffte er nicht. Also der dritte ran und rein und – abgebrochen! Schon wieder einer, hat der Meister geschrien und hat an der Hose sein Holzbein hochgehoben und es wieder runterkrachen lassen. Ja, und dann kam der Herrgottsackermentsaff und die Bürste und ich war draußen im Kohlenraum.

Ja, durfte der so mit mir umgehn?

Ich war schließlich der Sohn von seinem Chef!

Aber der war weit weg, im Krieg noch. Oder schon in Gefangenschaft? Ich weiß es nicht mehr. Die Mama war jedenfalls auch weg, im Krankenhaus, und das Dienstmädchen – ach was.

Heut denk ich: Für den Meister war der kaputte Stichel ein gemähtes Wiesle. Er wollte mich sowieso draußen haben aus der Werkstatt und aus dem Laden, weil ich ihn aufregte, vielleicht auch, weil ich nicht mitkriegen sollte, dass er Geschäfte machte in den eigenen Sack und nicht in die gelbe Registrierkasse vorne im Laden.

Da hat man den Betrag auf eine Papierrolle geschrieben, dann hat man einen silbrigen Hebel gedrückt, dann hat es geklingelt und die Schublade ist aufgesprungen. Und dann hat man das Geld reingelegt und die Schublade wieder zugeschoben und hat dann eine halbe Stunde oder eine Stunde oder noch länger Zeit gehabt, bis wieder ein Kunde gekommen ist. Den Laden hüten, hieß das, und ich war der Ladenhüter.

Gut, ich war also draußen im Kohlenraum. Von da aus ging es in den Keller, in den wir Kinder manchmal zur Strafe gesperrt worden sind.

Da ging es viele Stufen runter. Da war es dunkel. Da waren die Kartoffeln und das Mostfass vom Vater. Und da war der Abwasserkanal, der offen unter dem Haus durchging und hinterm Haus im für uns schier undurchdringlichen Beerengarten wieder rausgekommen ist.

Die drei Stufen, die es von der Werkstatt runterging, die ging es neben der Kellertür wieder hoch, zu einer Tür, durch die man in die Wohnung kam und von hinten in den Schuhladen.

Und vom Kellerraum ging es auch ins Freie. Nach hinten raus. Da war dann gleich der Abtritt, ein Vorbau. Wenn man um den herumging, kam man zum Hintereingang von der Küche. Auf den Abtritt gehen konnte man auch im ersten Stock, von der hölzernen Veranda aus. Das war vor allem im Winter günstiger. Wenn man da auf den unteren Abort ging, musste man einen Kübel mit heißem Wasser mitnehmen und erst mal den von unten heraufgewachsenen, braunen Eiszapfen ein Stückchen abtauen.

Das alles hat man von der Straße aus nicht gesehn. Das zweistöckige Haus stand der Länge nach an der Hauptstraße des Ortes, über der Ladentür und den vier Schaufenstern ein langes, weißes Brett mit großen, schwarzen Buchstaben drauf: der Name von meinem Vater.

Aber damit fängt meine Erinnerung ja gar nicht an.

Fängt sie schon im Kinderwagen an, mit Butzi, der weißen, deutschen Spitzerhündin? Die mit mir im Kinderwagen auf dem Deckbett lag und mich bewachte? Nein, das hat man mir wohl später erzählt. Ein Foto hat es gegeben mit dem Hund und mir im Kinderwagen, das weiß ich, aber ich find's nicht mehr.

Erste Orange – und Schnaps fürs Kind

Weihnachten. 1939? '40? Ja, '40, zweites Kriegsweihnachten im Zweiten Weltkrieg. Da wär ich also fünf gewesen, mein zweiter Bruder drei und den dritten hat man noch getragen, zehn Monate war der.

Jeder hat eine Orange bekommen.

Ich hab sie am Abend noch nicht geschält. Nur gerochen habe ich dran und sie rumgetragen. Auch an den Weihnachtstagen noch. Ich musste sie ja jedem im Ort vorführen. Viele hatten noch nie eine Orange gesehn. Ich am Heiligen Abend ja auch zum ersten Mal.

Und dann, plötzlich, am Heiligen Abend: Das kleinste Brüderle kriegt einen fürchterlichen Hustenanfall und einen ganz roten Kopf. Der Gedde, der Taufpate, hatte ihm mit der Fingerspitze etwas Schnaps an den Mund geschmiert. Das kleine Brüderle wäre fast erstickt. Und der lustige Onkel hat eine Weile gebraucht, bis er wieder lustig sein konnte.

Nächstes Weihnachten, da hat es ein Flugzeug aus Blech gegeben, mit einem Motor und einem Propeller.

Das nächste Mal eine Dampfmaschine, da hab ich richtig Dampf gemacht, mit Wasser im Kessel und einem Spiritusfeuer. Eine Pleuelstange hat sich dann gedreht und ein Riemen ist zu einer Transmission gelaufen und hat eine Sägmühle angetrieben.

Solche Spiele gab's aber nur am Abend, vor dem Insbettgehn. Tagsüber hab ich dafür keine Zeit gehabt. Jeden Morgen als Erstes der Blick aus dem Fenster. Hat es wieder geschneit? Muss der Bahnschlitten fahren? Ja, er muss. O wunderbar! Zwei paar Pferde ziehen den keilförmigen Bahnschlitten da, wo die Straße vermutet wird. Außer dem Fuhrmann, der ununterbrochen die Peitsche knallen lässt, stehn und sitzen noch ein paar Männer auf dem Schlitten, um ihn zu beschweren. Einmal mit draufsitzen dürfen auf dem Bahnschlitten!

Aber die Männer sind da unerbittlich. Viel zu gefährlich. Der Bahnschlitten wird manchmal hochgehoben, wie von einer Welle, und dann wieder von links nach rechts und von rechts nach links geschleudert. Der Fuhrmann steht wie ein Matrose! Die Pferde stampfen in Wehen oft bis zur Brust im Schnee. Da muss der Bahnschlitten nachher noch ein zweites Mal durch. Toll! Das wird die Josefstraße runter eine Schlittenbahn geben! Zu dritt hocken wir auf dem Schlitten und ich sitze vorne und lenke mit den Schlittschuhen.

Unser Nachbar hat den Bahnschlitten gefahren. Die Pferde sind fix und fertig für heute, die machen keine Schlittenfahrt mehr mit heute.

Aber der andere Nachbar spannt ein. Der Pferdeschlitten ist bekränzt mit Tannenreis und bunten Bändern. Bänke stehen drauf und ein Bierfass. Die Ledigen singen und johlen schon vor dem ersten Schluck. Wie werden die heut Abend zurückkommen!

Es gibt auch Schlitten, die aussehn wie Chaisen. Da fahren nur vier oder fünf Leute mit und vorne der Kutscher. Da hat es eine Decke zum Zudecken. Ganz vornehm. Und ein ganz feines Geschell haben die Pferde. Ich höre einen kommen. Da! Ich renne erst nebenher, dann gelingt's mir, mich dranzuhängen und mich hinten auf die Kufen zu stellen und ein Stück weit mitzufahren. Aber die Leute sind Spielverderber. Sie machen den Kutscher auf mich aufmerksam. Der langt mit seiner Geißel nach hinten und mich haut's von der Kufe runter. Sollen sie doch ihre roten Zinken erfrieren heut, diese Naserümpfer, diese feinen! Und überhaupt: Der Winter ist bloß blöd! Hoffentlich taut's bald, dann können sie im Dreck Schlitten fahren!

Hat's gezogen?

Natürlich, die Mina muss das mit angesehn haben!

Hat's gezogen? So was Scheinheiliges!

Natürlich hat's gezogen!

Wo hast es hingekriegt? Auf die Hand?

Und auf den Kopf, du dumme Dralalle!

Guck, da hab ich's hingekriegt, guck, da! Und ich nehme eine Hand voll Schnee und reib der Mina das Gesicht ein, dass sie bloß noch so quiekt! Da ist der Winter plötzlich wieder schön. So was geht im Sommer nicht. Meiner Lebtag hab ich nie wieder so rote Backen gesehn wie die von der Mina, nachdem ich sie eingerieben hatte.

Das ist wahrscheinlich im Winter 1942 gewesen, als so viele deutsche Soldaten in Russland erfroren sind. Davon haben wir natürlich nichts gewusst. Der Papa saß weit vom Schuss als Schreiber auf dem Wehrmeldeamt. Dort haben wir ihn sogar mal besucht und in einem Hotel übernachtet. In einem Hotel!

Da war ich aber nicht mehr im Kindergarten, glaub ich.

Lässt sich das Vespertäschle stehlen und sich das Gesicht zerkratzen!

Das krieg ich heut noch zu hören, denn die Narbe auf der Stirn sieht man heut noch.

Heut bringen die Eltern oder die Oma oder der Opa die Kinder in den Kindergarten und holen sie wieder ab. Davon war damals keine Rede.

Natürlich ging man da allein. Und jeder in seinem Tempo. Und nicht jeder auf dem direkten Weg. Durchs Gängle bin ich oft, durch die Holzgasse auch oder den Wilden-Mann-Berg hinauf, mit meinem Vespertäschle um den Hals. Da hätt mir der Karle O. normal gar nie begegnen dürfen eigentlich. Der brauchte nur durch seinen Garten und ein Stück weit durchs Gängle zu gehen und dann durch dem Hansonkel seinen Obstgarten zur Holzgasse und dann direkt auf den Kindergarten zu. Aber er ist mir begegnet. Der hat natürlich genau gewusst, welchen Weg ich geh. Der hat am Wilden-Mann-Berg hinter der Hausecke auf mich gewartet und mir das Vespertäschle über den Kopf gezogen. Ich hab gefuchtelt und geschimpft. Da hat er mir das Gesicht zerkratzt.

Ganz blutig bin ich in den Kindergarten gekommen. Aber ich hab nix gesagt. Die Kinderschwester hat mich zur Krankenschwester geschickt. Die hat mich abgetupft. Das Jod hat gebrannt, dass ich hätte jaulen mögen. Aber ich hab keinen Mucks gemacht. Der Karle hat immer Angst gehabt, dass ich ihn verrat. Aber ich hab nix gesagt, damit hab ich ihn viel mehr gestraft. Er hat sich gar nicht mehr ausgekannt. Später hat der Karle als einer der Ersten ein Motorrad gehabt. Ein viel zu schweres Motorrad für den schmächtigen, spirreligen Karle. Er ist keine drei Kilometer mit dem Motorrad Richtung Ehestetten gefahren, da war er schon tot.

Das ganz und gar beschissene und verschissene Krippenspiel im Kindergarten

Was hab ich mich geschämt, da auf die Bühne zu gehn! Dabei hab ich bloß einen Hirten spielen müssen, der nur einen kleinen Satz zu sagen hat. Ich wär nicht rausgegangen auf die Bühne. Die Schwester hat mich an der Hand genommen. Ich hab mich so geniert. Ich hab mich nach hinten gedreht und dem Publikum den Rücken gezeigt und hab meinen Satz nach hinten gesprochen.

Den Rücken hätte ich besser nicht zeigen sollen, denn so haben alle gesehn: Das läuft bei dem goldgelb über die weißen Strümpfe bis zu den Waden runter! Ich hatte die Hosen gestrichen voll.

Nicht gerade die Hosen voll, aber voll alles nach hinten gesprochen und gespielt, das ist mir als Schauspielerprofi dann nochmal passiert. In meinem ersten Engagement, in Karlsruhe, sollte ich als Zwanzigjähriger einen Opa spielen. Sie hatten mir einen weißen Nikolausbart geklebt und gesagt, ich sei ein glänzender Opa. Ich hab mich so geschämt, dass ich bei meinem Auftritt aus der Gasse nur einen halben Schritt auf die Bühne trat, mich sofort nach hinten drehte, mich nicht mehr vom Fleck rührte und die ganze Rolle nach hinten sprach. Ein Einakter von Kurt Goetz war's. Der dauerte, Gott sei Dank, nur eine halbe Stunde, eine ewige halbe Stunde!

Ein älterer Kollege, der den Opa leicht hätte spielen können, tröstete mich: Der ist kein Schauspieler, der nicht zwei Stunden lang Schimpf und Schande ertragen kann.

Aber zurück nochmal vor die magische Zahl 1945:

Warum stinkt denn die Schildkröte so?

Hinterm Haus der Schuppen. Holzschuppen und Waschküche, Hühnerstall, Saustall (jawohl, zeitweise hatten wir eine Sau!), Hasenstall, Meerschweinchen, Vogelnester.

Die kleinen Hunde durften im Haus aufwachsen und die Schildkröte und die Fische auch.

Die Schildkröte hab ich gerne vorgeführt, wenn sie gelaufen ist und den Kopf draußen hatte. Wenn man ihr zu nahe kam, hat sie den Kopf und die Beine eingezogen. Mit einem Salatblatt hab ich sie wieder rausgelockt. Aber dann ist sie bockig geworden, ist einfach drin geblieben in ihrem Panzer. Ich hab statt Salat Löwenzahnblätter geholt, Feigenblätter, Spinat, Schnittlauch. Nix zu machen. Ich hab Tage gebraucht, bis ich merkte, dass ich eine tote Schildkröte füttere. Ich hab sie auf Nachbars Miste geschmissen, so hat die gestunken.

Ungefähr zur selben Zeit hat jemand auch mein Aquarium entsorgt. Warum sind die Pflanzen da drin bloß alle eingegangen, warum ist das Wasser immer trüber geworden? Und warum hat es so gestunken, so wie der grün-dreckige Feuerteich? Ich war ganz und gar grantig. Es gibt bestimmt Leute, die haben ein ganz sauberes, glasklares Aquarium mit munteren Fischlein drin, nur ich hab so eine Kloake! Weg damit! Dann hol ich lieber Hasenfutter.

Die Hasen, die sind dankbar, die fressen zu jeder Zeit mit Begeisterung. Das ist ein Spaß, denen zuzugucken. Ruckzuck mümmeln die ein Löwenzahnblatt rein. Und wenn sie Junge haben, die Hasen – dass das Rammeln, bei dem sie sich auch zugucken lassen, vorher dazugehört, um Junge zu kriegen, hab ich nicht unbedingt wissen müssen –, wenn sie Junge haben, dann sind das nackte und blinde, dicke, rosa Würste. Die Häsin säugt sie. Sie wachsen schnell, kriegen ihr Fell und gucken aus den Augen und kugeln durch den Stall, lassen sich rausnehmen, streicheln und schmusen.

Zeit der Unschuld

Wir sind im ehemaligen Stadtgraben gehockt, der Heppasepp, die Gretel und ich. Der Heppasepp hat die Gretel gebracht.

Das Gras im Stadtgraben war höher als wir. Wir waren also unsichtbar. Wir wollten die Gretel untersuchen. Ich hab ja nur Brüder gehabt. Der Sepp auch. Die Gretel hat sich hingelegt.

Weiter sind wir nicht gekommen: Kommt sofort da rauf!

Die Mama! Oben auf dem Wall.

Wir waren gar nicht unsichtbar. Sie hat mich in den Keller gesperrt.

Haben wir Wüsterles getan? Nein, den Begriff haben wir noch nicht gekannt, den gab's erst später, als man alt genug war, um zum Beichten gehn zu müssen.

Nach dem Beichten war man jedes Mal wieder leer und unschuldig. Das war immer samstags. Mindestens bis zur Kommunion hat man es schon aushalten müssen ohne Sünde, und die war erst am Sonntag! Ein leeres, weißes Blatt ist man da gewesen. Ein reiner Engel. Kein Schmutz sollte mehr drauf auf das weiße Blatt.

Wenn's dann passiert war, naja, dann hat auch wieder noch mehr drauf können bis zur nächsten Beichte.

So, aber wo sind wir eigentlich?

Wo wir sind, das hab ich noch gar nicht gesagt. Lassen wir's einen Dichter sagen, den Gustav Schwab:

Sei mir willkommen, Städtchen,
in dieser teuren Zeit!
Hat dich Aprilgestöber
auf das Gebirg verschneit?
So traulich und so enge
mag wohl kein andres sein:
Es nimmt der Straßen Länge
dein schmuckes Rathaus ein.
Und niest einmal die Schildwacht
an deinem oberen Tor,
gleich hallt ein helles Prosit
vom unteren empor.

Ja, von der Größe her eigentlich ein Dorf, unser Städtle, unser Hayingen, das sich seit 1250 Stadt nennen darf. Damals war es rings von einer Stadtmauer umgeben, das heißt, zumeist waren die Rückseiten der Häuser auch gleichzeitig die Stadtmauer. Drei Stadttore gab es – vier, wenn man das kleine, unnötige Törle im Kappenturm dazurechnet. Später sind auch immer mehr Häuser außerhalb der Stadtmauer dazugekommen. Wenn die Mutter einen Auftrag hatte, wenn's was zum Einkaufen gab oder so, dann sagte sie: Gehst gschwind ins Städtle und holst mir ...

Oder ich sagte: Mama, ich geh bloß gschwind ins Städtle ...

Das war in unserm alten Haus so, also dem Schuhladenhaus, das direkt an die Stadtmauer angebaut war, und das war später so, als wir auf dem Berg wohnten, im Haus vom Tonsonkel.

Ich geh gschwind ins Städtle ...

Das unnötige Törle

Der Kappenturm und ein Stückle Stadtmauer dran stehn heute noch. Die drei Stadttore sind verschwunden.

Ausgerechnet der Kappenturm steht noch und wird im Miniformat als Fasnetswahrzeichen im Umzug mitgeführt. Warum?

War's noch im Mittelalter, dass mal ein böser Feind das Städtle belagerte, oder war's im Dreißigjährigen Krieg? Kroaten sollen es gewesen sein da draußen. Da hieß es: nur schnell die Stadttore schließen! Bei den drei großen klappte das auch. Aber beim Törle im Kappenturm, da ist der Torwächter hin und her gepfurrt und hat geflucht. Der Riegel war weg! Wo war der Riegel? Der Feind kommt! Weib! Wo ist der Riegel?

Das Weib ist grad beim Kraut-Futschen gewesen, hatte grad einen Krautstrunk aus einem Krautkopf herausgebohrt. Der hektische Wachposten hat den Strunk, den Doschen geschnappt und ihn als Riegel in das Schloss gesteckt. Dann ist er auf den Turm gestiegen, um den Feind zu beobachten.

Hätt er lieber auf seine Geiß aufgepasst. Der ist der Krautduft ganz lieblich in die Nase gestiegen. Die Frau warf ihr jedes Mal den ausgebohrten Krautstrunk zu. Aber diesmal nicht. Diesmal hat ihn ja der Torwächter genommen. Was ist denn das für ein Spiel? Sie ist dem Mann hinterhergetrippelt. Der Torwächter ist auf den Turm gestiegen. Die Geiß hat den Strunk aus dem Schloss gezogen und abnagt. Das Tor war offen, der Feind kam rein, die Schande war groß und das Gelächter noch größer. Dann kann man das unnötige Törle ja gleich aushängen! Und das tat man. Heute kann man frei durchgehen durch den Kappenturm und kann auf einer Tafel die Geschichte von der Geiß nachlesen.

Die Fremden lachen darüber. Die Hayinger auch.

Bützi, Bützi, ach, die Deinen werden bittre Tränen weinen

Jaja, Butzi, Butzi. Eine Seele von einem Hund. Meine Kindsmagd. Mutter von mehreren Generationen von kleinen Spitzern, rassereinen, selbstverständlich. Sie selber von hoher Abstammung: Ihre Mutter ist als erster Hund mit dem Grafen Zeppelin nach Amerika geflogen. Und die zwei Spitzer vom württembergischen König Wilhelm II. sind auch verwandt.

1945 im April sind die Franzosen gekommen.

Wir hatten eigentlich auf die Amerikaner gewartet. Aber diese Feiglinge haben abgedreht, noch vor Oberwilzingen, nachdem ihnen ein Panzer abgeschossen worden war. Das Maschinengewehr von dem Panzer war noch intakt. Das wollten wir auf den Kirchturm schleppen.

Und wenn sie überall im Ort weiße Leintücher hissen würden, wir würden runterschießen, bis sie den Kirchturm unter uns zusammenschießen würden! Aber statt am Maschinengewehr zu kauern, schob ich den Kinderwagen mit meinem jüngsten Bruder den Berg hinauf, von dem die ersten französischen Panzer runterkamen. Ich dachte erst, es sind deutsche, aber dann hab ich's gesehn: Schwarze! Marokkaner an den Maschinengewehren! Und deutsche Soldaten kamen mit erhobenen Armen die oberen Wiesen herauf, ihnen entgegen. Und mir hatte der Bannführer versprochen, dass ich heut noch Hitlerjunge werden würde und das braune Hemd bekäme! Stattdessen schieb ich den Kinderwagen, ramme mit dem Kinderwagen fast den ersten feindlichen Panzer! Aus, alles aus!

Ab jetzt war alles anders. Die Franzosen waren da. Nach den Marokkanern auch richtige Franzosen. Die Marokkaner sind mit Panzern gekommen, die Franzosen mit Jeeps. Und so ein Jeep war das Verhängnis.

Wir sind das Werfental runtergegangen, Wimsen zu, mit Butzi. Die lief ein Stück voraus. Nicht auf der Straße, auf dem Bankett, als der Jeep kam. Waren die betrunken? Kann gar nicht anders sein. Sie sind plötzlich mit einem Rad auf dem Bankett weitergefahren und Butzi war sofort tot.

Wir haben sie heimgetragen, meine Brüder und ich, und haben sie im Garten begraben. Ich hab drei Tage lang nix mehr gegessen und musste täglich fröhliche Franzosen sehn.

Wollt ein Neger Fahrrad fahren

Auf unserm Fahrrad wollte der fahren! Ein Damenfahrrad, das Fahrrad von unsrer Mutter. Auf dem hab ich Rad fahren gelernt!

Jetzt war der Umsturz da, die Marokkaner, die Besatzungsmacht, die alles einfach nehmen konnte, wie es ihr passte. Unser Fahrrad stand immer noch im Kohlenraum.

Ich hab es unbrauchbar gemacht. Die Luft raus, den Sattel weg, die Kette runter. Da ist ein Marokkaner gekommen, hat sich das Fahrrad geschnappt. Er hat so geguckt, dass ich gleich gedacht hab, der hat noch nie ein Fahrrad gesehn. Aber er hat es haben müssen. Ich hab nix machen können, hab ihn machen lassen müssen. Und was hat er gemacht? Er hat das Fahrrad aus dem Kohlenraum die Stiegen raufgelupft, dann hat er es geschoben bis zur Straße vor dem Haus. Da hat er versucht aufzusteigen. Er hat nicht gewusst, wie er es anstellen sollte. Er hat geschoben, ist gelaufen, immer schneller und ist aufgesprungen. Wollte aufspringen, aber es hat ihn reingehauen! Flach auf dem Bauch und auf der Nase ist er gelandet und das Fahrrad ist über ihn gefallen. Was er jetzt gesagt, geschrien hat, habe ich nicht verstanden, aber ein Halleluja war nicht dabei. Er hat sich aufgerappelt und hat das Fahrrad nicht mehr angesehn und ist bruddelnd weggehinkt. Sicher hat er sich aufgeschürft und hat aus der Nase geblutet. Sieht man ja nicht bei so einem. Da müsst das Blut ja weiß sein.

Kaum war die Luft rein, hab ich unser Fahrrad wieder geholt und hab's im Holzschuppen unter Pappendeckel und Latten und Brettern versteckt. Fahren kam ja nicht infrage, solange die Franzosen da waren.

Ich hab das Fahrrad nicht mehr zu Gesicht gekriegt. Wir mussten ja fliehen aus unserm Haus, da ist das Fahrrad zurückgeblieben. Die Franzosen wollten ein Fest machen in unserm Haus. Sie haben meine Mutter eingeladen und da waren noch zwei Frauen, die wir aufgenommen haben, die ausgebombt waren. Meine Mutter hat den Braten gerochen.

Außerdem hab ich noch was angestellt, da war's schon besser, zu verschwinden. Ich hab eine Pfropfpistole gehabt. Aus der hab ich einen Schuss abgefeuert. Die Franzosen sind dahergesprungen mit den Gewehren im Anschlag. Meine Mutter hat ihnen die Pistole gezeigt und wollte ihnen klar machen: Kinderpistole, nix gefährlich. Aber die Franzosen waren richtig grimmig und haben meine Mutter und mich bedroht.

Am Nachmittag haben wir uns dann unauffällig verkrümelt. Den kleinsten Bruder im Kinderwagen, den hab ich geschoben, und die zwei andern Brüder konnten ja laufen. Ich hab den Kinderwagen den Berg raufgeschoben, wie an dem Tag, an dem die Franzosen kamen und ich mit dem Kinderwagen beinahe einen feindlichen Panzer aufgespießt hätt.

Droben auf dem Berg hat ein feiner Herr aus Stuttgart ein Häuschen gehabt. Der war ein Freund von unserm Vater, der noch nicht wieder da war. Die Annatante, die auch noch ohne Mann war und auch Einquartierung hatte, ist auch gekommen mit ihren Kindern, unsern Bäsla und Vetterla.

Das Haus war klein. Wir haben zusammengepfercht geschlafen. Der feine Herr mit uns. Und der hat in der Nacht einen fahren lassen, dass es gekracht hat. Wir haben nicht reagiert. Aber mein Bäsle Annelies hat mich am andern Tag angeguckt und ganz leise gesagt: Das hätt ich nicht gedacht, dass so ein feiner Herr so einen Furz lassen kann!

In der folgenden Nacht hab ich was ganz Sensationelles mitgekriegt: Da ist mein Vater gekommen! Er war wohl tagsüber immer versteckt irgendwo im Wald. Wir sollten es nicht mitkriegen, dass er da war, damit wir uns nicht verplappern.

In der Ruine Altehrenfels hat er sich tagsüber versteckt und sich von den Vorräten ernährt, die er nachts geholt hat. Und die Mama hat ihn sicher auch noch in den Armen gehabt, bevor er wieder in der Nacht verschwand. Davon hat er am Tag sicher auch noch gezehrt. Wie oft er nachts gekommen ist, weiß ich nicht, und wie lange es gedauert hat, bis dann ein Marokkaner seinen Karabiner in das Eingangsloch im Turm der Ruine gestreckt hat. Mein Vater kam in Gefangenschaft. Schon das zweite Mal. Das erste Mal war er geflohen. Auf dem Fußmarsch Richtung Frankreich ist er an einer Haarnadelkurve bei Gammertingen in den Straßengraben gesprungen und hat alle vorbeigelassen und ist dann heimgekommen und hat sich tagsüber in dem Turm versteckt. Jetzt also wieder geschnappt und im Schloss Mochental eingesperrt, zusammen mit anderen Parteigenossen aus dem Städtchen und aus der Umgebung.

Ab wann er dann wieder da war, weiß ich nicht mehr genau. Anno '47 war er jedenfalls wieder da, denn da hat er Theater gespielt im Kindergartensaal. Und wie! Grandios. Nicht die Hosen voll und nach hinten gedreht wie ich seinerzeit. Neinnein. Außer ihm gab's noch einen, der hinter Gittern die Hände rang, und ein Mädchen, das weinen musste, und einen Ritter, der gewaltig schepperte. Aber mein Vater war der Größte, absolut. 1948 hat er ja dann das Naturtheater Hayingen gegründet und 1949 da sein erstes Theaterstück aufgeführt. Da durfte ich als Page der hohen Fürstin von Fürstenberg zufächeln.

Aber jetzt bin ich vorausgesprungen. Zurück wieder in die Schusterwerkstatt!

Mit der Nähmaschine über die Wolken und bei der Molkermaarie gelandet

Ja, Schusterwerkstatt, Schuhladen. Mein Paradies. Und der Abenteuerdachboden! Es hat mir nix ausgemacht, wenn es geregnet hat. Die Nähmaschine im Schuhladen war ein Fahrzeug für mich, ein Auto, ein Flugzeug. Ich hab nur das große Rad an der Seite anschubsen müssen, dann hab ich das Pedal getreten, erst langsam, dann immer schneller und dabei hab ich eine Dachschindel oder einen Kochlöffel in die Speichen des Schwungrads gehalten, das hat dann gerattert, dass mir vorgekommen ist, ich tät am Steuer von unserm Opel sitzen und tät Gas geben und durchs Städtle brausen.

Ich bin immer sehr weit herumgekommen mit meinem Nähmaschinenautoflieger. Meine Mutter hat mich oft regelrecht aufwecken müssen aus der Trance. Ich hatte überhaupt kein Verständnis dafür, dass sie genervt war von dem Geratter. Ich fuhr und flog mit dem Geratter mal langsam, mal schnell über die Landstraße, den Wald, über das Tal und die Berge und über die Wolken.

Wenn ich dann wach war, wusste ich erst gar nicht, was ich anfangen sollte. Schnell getröstet war ich, wenn ich den Auftrag bekam, zur Maarie, zur Molkermaarie zu gehen und für fünf Pfennige Hefe zu kaufen und Brezeln und Wecken. Das brauchte dann bloß noch in der Osterzeit zu sein! Da machte die Maarie Zuckerhasen, rote und braune. An den fertigen Hasen schlotzen durfte ich natürlich nicht, aber die Maarie machte ja auch Bruch. Extra für mich. Ich war ja ihr nächster Nachbar. Unser Haus war direkt an ihres angebaut. Aber wahrscheinlich hat sie kein Kind aus dem Laden gelassen, ohne ihm was zuzustecken.

In der süßen Osterzeit kamen sie alle wie die Fliegen zur Molkermaarie. Eigentlich hätt man ja Bäckermaarie sagen müssen, aber man nannte sie nach ihrem Mann die Molkermaarie, weil der der Molker war, der, der die Molke betrieb, in die die Bauern jeden Tag ihre Milch ablieferten.

Die Molke, das ist ein Kapitel für sich.

Da gab's eine Tafel für amtliche und für private Anschläge. Die Hauptsache aber war natürlich, Neuigkeiten zu erfahren oder zu berichten. Und poussieren konnte man da auch schon ein bissle.

Wenn dann ein Kerle einem Mädchen die Milchbitsche hat heimtragen helfen, dann galten die beiden als so gut wie verlobt. »Wenn sich dui scho d'Millbitscha trage lot!« Ja, da hatten die zwei keine andere Chance mehr, das lief schnurgerade aufs Heiraten hinaus.

Hunger! Hunger! Hunger!

Im Schafhaus waren russische Kriegsgefangene eingepfercht. Die konnten sich bestimmt kaum bewegen. Wie Schafe aneinander gepresst. Kaum Luft sicher. Nur wenige, kleine Öffnungen. Aus einer Öffnung winkte ein Arm, in der Hand ein Spielzeug. Soll ich mich hintrauen? Das war gefährlich, das hat man uns eingeimpft. Ich hab geguckt, ob niemand guckt, dann bin ich hin.

Was war das? Ein wunderbar geschnitzter Vogel. Ein Pfau? Ein Flugzeug? Ich hab die Hand ausgestreckt, da hat die Hand mit dem Vogel sich zurückgezogen. Ich hab mich auf die Zehenspitzen gestellt und hab so ganz knapp in die Öffnung reinsehn können. Der Russe hat mit der andern Hand und dem Mund gemimt: zu essen, zu essen!

Und die Hand mit dem Vogel hat er mir entgegengestreckt und wieder weggezogen und wieder essen gemimt. Ich bin nach Hause gelaufen. Wo find ich was zu essen? Einen halben Laib Brot hab ich gefunden, mit dem bin ich zurück zum Schafhaus. Ich hab dem Russen das Brot gezeigt. Er hat genickt, genickt, genickt. Ich hab ihm das Brot gegeben und hab den wundervollen Pfau gekriegt. Und am Abend daheim ein Donnerwetter. Weil ich zu nah hingegangen bin zu den Russen. Dabei hat man die ja jeden Tag ganz nah sehen können, wenn sie zum Essen auf den Karlsplatz marschiert sind. Wie die da gesungen haben beim Marschieren: Di putschia! Marutschika, di sen despo de mimula. Was mamula, das mamula, das mamula, di pi u la.

Dann hat einer solo gesungen: Sen despo di jo di hehejo, dann wieder alle: Di putschia, marutschika ...

Ein schönes Lied. Ein Volkslied? Oder gar die weißrussische Nationalhymne? Hat niemand gewusst.

Ja, wenn's den alten Felix nicht gegeben hätt!

Wir haben eine Zeit lang nicht bloß Hunde, sondern auch eine Katze gehabt. Und die hat Junge gekriegt.

Was machen wir mit so vielen Katzen?, hat die Mama gejammert. Martin, frag rum, ob sie jemand haben will.

Niemand wollte sie.

Dann bring sie trotzdem weg, bring sie um oder mach, was du willst. Ersäuf sie.

Ersäufen! Ja wo denn?

Tunk sie im Sack ins Wasser!

Ich hab den Sack auf den Buckel genommen. Die Kätzle sind drin rumgekrabbelt. Ich bin zum Hansonkel gegangen. Dem wird schon was einfallen.

Aber der ist nicht da gewesen. Da hab ich Wasser in das Spülbecken laufen lassen und hab den Sack ins Wasser getunkt. Die Kätzla haben aber so gezappelt, dass ich den Sack gleich wieder rausgezogen hab.

Ja Bub, was machst denn?, hat die Annatante gefragt.

Die Kätzla soll ich umbringen.

Ja, das kann ich auch nicht, hat sie gesagt, geh zum Felix.

Ah ja, zum Felix, dem alten Wagner und Totengräber und Nach-Geißenstall-Stinker.

Gib's her, Bub, hat der nur gesagt, und geh wieder heim.

Der alte Felix hat selber einen Enkel gehabt, der ungefähr zwei Jahre jünger war als ich. Der hat auch Felix geheißen. Der arme Bub. Er hat immer allein sitzen müssen in einer Bank in der Schule. Keiner hat sich zu ihm setzen wollen. Er hat ja so nach Geißenstall gestunken.

Mir hat er mal aus der Not geholfen, der alte Felix.

Mein Vater hat ein wunderbares Beil gehabt, mit einem geschwungenen Stiel. Und die Schneide hatte die Form von einem Tomahawk. Ich hab zwar als Indianerhäuptling Winnetou einen Tomahawk gehabt, aber der war nur aus Holz. Wunderschön war er, verziert, bemalt, geschnitzt. Aber eben nur aus Holz. So hab ich eines Tages das echte Beil mit in den Wald genommen und hab Tomahawk-werfen damit geübt. Die Indianer konnten ja weit werfen damit und so, dass es stecken blieb.

Hab ich auch probiert. Von einigen Metern Entfernung auf einen Baum geworfen. Der Tomahawk sollte sich dabei um sich selber drehen und dann mit der Schneide in den Baumstamm fahren und stecken bleiben.

Ich hab geworfen. Das Beil kam nicht mit der Schneide, sondern mit dem Stiel auf. Der Stiel zersplitterte, der schöne geschwungene Stiel!

Ich war schlagartig ernüchtert und kein Indianer mehr, sondern nur noch der Sohn von meinem Vater. Sein Beil! Sein schönes Beil! Ich bin heimgeschlichen. Bin ums Haus geschlichen. Half alles nichts, ich musste meinem Vater unter die Augen. Da half nichts. Ich hab ihm das Beil hingehalten und das Genick eingezogen.

Er hat mich nicht geschlagen. Er hat mich überhaupt nie geschlagen. Er hat nur geguckt und dann gesagt: Bring's zum Felix! Und der Felix hat nicht einfach einen ordinären, geraden Stiel dran gemacht, so wie ihn alle gewöhnlichen Beile haben, nein, er hat einen richtig schön geschwungenen Stiel geschnitzt mit seinem Schneidemesser. Er hatte so einen Bock, auf den setzte er sich, und da war eine Vorrichtung, in die er den rohen Stiel einspannen konnte, dann hat er den Stiel geschnitzt, sein Schneidemesser in beiden Händen. Ganz wunderbar.

Ich war sehr froh. Und der Felix auch. So einen schönen Stiel für ein Beil hatte er noch nie geschnitzt. Er hat was gebrummt und hat gehustet und geröchelt. Das war wohl so was wie lachen.

Ich hab's heimgetragen, das schöne Beil, und hab's vor meinen Vater hingelegt. Der hat auch nur gebrummt und hat gesagt: jaja, o Kerle.

Und der Philipp, noch so ein Außenseiter

Der Philipp hat eigentlich Karl geheißen. Aber so hat niemand zu ihm gesagt. Alle haben Philipp gesagt. So hat sein Großvater geheißen. Der war Krättamacher, Korbmacher und Straßenkehrer und Brunnenputzer und Stumpenkauer. Eine ganz minderwertige Person. Niemand im Ort hat zu der Zeit ein Kind auf den Namen Philipp getauft oder auf Felix. Den Philipp, den Brunnenputzerbub, konnte man natürlich gut hänseln.

Unsere Lilly konnte es besonders gut mit dem Philipp. Wie der mal beim Brunnen stand, kam die Lilly vorbei, sie ist aber nicht vorbeigegangen, sie ist auf den Brunnen geklettert, hat die Röhre zwischen ihre Beine genommen und sich vorgebeugt und getrunken. Dann ist sie noch eine Weile sitzen geblieben, die Röhre in beiden Händen. Und danach hat sie sich noch auf den Brunnenrand gestellt und hat so getan, als müsse sie die Wolken zählen. Und der Philipp hat unten gestanden und konnte ihr unter den Rock gucken, das wusste die ganz genau. Ich hab alles gesehn, von unsrer Ladentür aus. Der Sepp hat's auch gesehn, von Nachbars Rossstall aus. Und wie die Lilly weg war, sind wir zum Philipp hingegangen und der Sepp hat gesagt: Philipp, die Lilly trinkt bloß dir zulieb aus deinem Brunnen.

Es war ja sein Brunnen, denn er hat ihn ja mit seinem Großvater zusammen immer putzen dürfen.

Die Lilly ist ganz verliebt in dich, hat der Sepp gesagt.

Der Philipp hätte das im Traum nie geglaubt, aber er hat jetzt jeden Tag auf die Lilly gewartet.

Die hat keine Ahnung gehabt. Und der Sepp hat den Philipp noch mehr angestachelt, er solle der Lilly doch raufhelfen auf den Brunnen. Der Philipp hat die Lilly kaum angefasst, da hat die ein derartiges hysterisches Theater gemacht, dass es den hellen Aufruhr gegeben hat im Städtle, und der Lehrer, der Pfarrer und die Eltern von der Lilly haben den Philipp so ins Gebet genommen, dass er sich nicht mehr aus dem Haus getraut hat.

Ich war auch verliebt.

Verliebt in Roswitha

Die ist nur auf Besuch da gewesen, bei ihrer Tante Klara in der Josefstraße. Man hat sie auch nur mit ihrer Tante Klara zusammen zu Gesicht gekriegt. Die hat aufgepasst, die Klara. Und um sich geguckt! Und das Mädchen weitergezogen, wenn sich ein Blickkontakt angebahnt hat.

Das Haus hat eine Haustreppe gehabt vor der Haustür. Auf die Treppe wenigstens wollte ich die Roswitha herauslocken. Ich hab unser Leiterwägelchen genommen und bin vom Schafhaus aus, wo es steil war, die Ehestetter Straße und dann die Josefstraße runtergefahren, runtergebrettert, gedonnert! Ich hab im Wägelchen gesessen und mit der Deichsel zwischen den Beinen gelenkt. Ich bin in die Kurve gegangen wie Bernd Rosemeyer! Jetzt müsst sie rauskommen, jetzt müsst sie gucken! Nix.

Ich hab das Wägelchen wieder hochgezogen. Langsam bin ich am Haus vorbei. Sie ist nicht rausgekommen. Sollte sie auch nicht. Sie sollte mich ja nicht beim Wägele-Ziehen sehn, sondern als Rennfahrer.

Wieder oben am Startplatz hab ich einen Fliederzweig gebrochen und bin wieder vom Schafhaus aus los. Ich hab den Fliederzweig direkt auf der Höhe des Haustrappens, also der Stufe vor der Haustür, rausgeworfen. Die Roswitha hat's nicht gesehn. Ich wieder rauf, ein paar Margeriten gepflückt. Wieder runtergedonnert, wieder die Blumen raus. Nix? Nix. Nicht ein einziges Mal hat sie mich als Rennfahrer und Blumenkavalier gesehn. Das könnt mich direkt heut noch zwicken.

Aber ich hab ja dann eine andere, eine noch viel bittersüßere Liebesaffäre gehabt, lange nachdem Roswitha wieder abgereist war. Ein Jahr oder zwei danach.

Absender (bitte gut lesbar schreiben!):

Name

Straße

PLZ, Ort

Beruf Alter

Für Silberburg-Bücher interessiert sich auch:

Bitte als
Postkarte
frankieren

Postkarte – Antwort

Silberburg-Verlag
Titus Häussermann GmbH
Schönbuchstraße 48

D-72074 Tübingen

Wir sind neugierig ...

... was Sie von dem Buch halten, dem Sie diese Karte entnommen haben.

Titel des Buches:

Wie wurden Sie auf dieses Buch aufmerksam?

Bitte schreiben Sie uns ganz offen Ihre Meinung! Sie ist wichtig für unsere weitere Verlagsarbeit.

Im Silberburg-Verlag erscheint ***»Schönes Schwaben«*** – die farbige Monatszeitschrift zu Kultur, Geschichte, Landeskunde. Informativ und unterhaltsam, aktuell und zeitlos. Mit traumhaft schönen Fotos und interessanten Artikeln von kompetenten Autoren. Das Magazin, in dem auch die schwäbische Mundart gepflegt wird. Sollen wir Ihnen ein kostenloses Probeheft senden?

☐ Ja ☐ Nein

Der Silberburg-Verlag hat sich auf Themen aus Baden-Württemberg spezialisiert. Haben Sie dazu Vorschläge, zum Beispiel zu neuen Büchern?

... Sie auch?

Dann tragen Sie bitte umseitig Ihre Anschrift ein. Sie erhalten fortan regelmäßig Prospekte und Informationen über unsere neuen Bücher.

Elfriede und der verliebte Ladenhüter

Jetzt weiß ich nicht mehr, war das noch im Krieg von 1939 bis '45 oder ist der Krieg schon aus gewesen. Mein Papa war jedenfalls nicht da, im Krieg noch oder in Gefangenschaft bei den Franzosen. Und die Mama, die ist auch nicht da gewesen. Sie hat mich den Laden hüten lassen. Ich war der Ladenhüter, ich hab unsern Schuhladen hüten müssen. Jaja, da muss ich schon älter gewesen sein als zehn, klar, da war der Krieg schon lange rum. Elfriede war keine Hiesige gewesen, eine Ausgebombte aus dem Rheinland. Kolossal interessant. Ich hab hauptsächlich ihre Trippelschritte noch im Ohr und das Grübchen in der Backe im Gedächtnis und die blauen Augen ...

Gut: Ich bin also der Ladenhüter gewesen. Manchmal haben die Leute nicht gesagt: also gut, dann komm ich nächste Woche wieder, sondern sie haben mir tatsächlich ein Paar Schuhe abgekauft, da war ich dann sehr stolz. An einem solchen Tag sah und hörte ich Elfriede mit einem Korb am Arm in den Ort hineintrippeln, von der Münsinger Straße, von Flaschners Haus aus, wo sie wohnte, ins Städtle hinein. Ich hab die Ladentüre offen gelassen und mich an die Kasse gelehnt. Wenn sie heim wollte, wird sie wieder an meiner Ladentür vorbei müssen. Ich hab gewartet, ich hab gelauscht. Auf die Trippelschrittchen. Sobald ich sie höre, werde ich das Lied anfangen: *Horch, was kommt von draußen rein, holla-hi holla-ho!* Ja, und wenn sie auf der Höhe der Ladentüre ist, dann wäre das Lied schon bis *... wird's wohl nicht gewesen sein* gediehen und das musste sie unweigerlich stoppen.

Unzählige Male hatte ich schon geübt, damit es mit der Entfernung dann auch stimmte. Also wenn sie aus der Molkermaarie ihrem Laden kommt und ich da dann zu singen anfange, dann kommt es genau hin. Ich hatte eine sehr schöne Stimme, das wusste ich, und das wusste auch sie. Wenn ich anfange zu singen, dass sie mich schon von weitem hört, dann hat sie bei *geht vorbei und schaut nicht rein* die faire Chance, tatsächlich vorbeizugehn. Aber das wird sie nicht, wird sie nicht, kann sie nicht! Das Kühnste wäre natürlich, ich würde überhaupt nicht rausschaun. Ich würde an die Ladenkasse gelehnt stehn und singen *Horch, was kommt von draußen rein, holla-hi holla-ho, wird wohl mein*

Feinsliebchen sein – und mit *holla-hiaho* käme sie schon hereingetrippelt zu mir.

Bei diesem Gipfel des Glücks war ich gerade angekommen, als ich die Trippelschritte hörte. Sofort vergaß ich alles. Kein Laut kam aus meiner goldenen Kehle, keinen Schritt ging ich auf die Tür zu und – kein bisschen langsamer wurden die Trippelschrittchen.

Geht vorbei und schaut nicht rein. Ich war zerschmettert. Oder? Doch, reingeschaut haben muss sie, ich hab doch das Grübchen gesehn, also muss sie sogar ein bisschen gelächelt haben, mir zugelächelt haben, und vielleicht hat sie gedacht: Wär das jetzt schön, wenn der jetzt singen würde: *Horch, was kommt von draußen rein ...* O ich Riesenrindvieh!

Gott sei Dank ist sie noch nicht so schnell wieder zurück ins Rheinland. Sie hat mich noch eine ganze Weile verliebt sein lassen.

Verliebt sein! Das ist das Stichwort für

Regine

Das Bäsle Anneliese war in Saulgau in einer Bäckerei in Stellung. Ich hab sie abends, wenn wir Ausgang hatten, manchmal besucht, und es sprang eine schöne Brezel dabei heraus oder so was. Eines Abends aber stand da ein Mädchen. Eine Verwandte der Bäckersleute, die Tochter eines Lehrers aus dem Nachbardorf. Sie hatte wohl schon von Annelies von mir gehört, wollte mich sehn, war naseweis. Jetzt sah sie mich und jetzt wurde sie purpurrot im Gesicht, am Hals, an den Armen. Sie glühte. Sie glühte und sollte mir die Hand reichen zur Begrüßung, zur Vorstellung: Das ist die Regine, sagte Annelies, und das ist der Martin. Ich half ihr, indem ich sofort auch heiße Haarwurzeln und feuchte Hände bekam.

Die Lehreroberschule, die LOS, ist ein Internat für Jünglinge. Das Internat ist eingezäunt und abends nach acht darf niemand mehr raus oder rein ins Haus. Geschlossen das eiserne Tor, geschlossen das Hausportal und auch der Hintereingang. Nach dem Abendessen flitzte ich aus dem eisernen Tor, aber nicht der Stadt zu, sondern Richtung freies Feld. Zu dem Schuppen. Sie war noch nicht da. Kam sie vielleicht gar nicht? Oder hatte sie sich versteckt? Ich ging um den Schuppen einige Mal herum. Und auf einmal stand sie da. Von da an weiß ich nicht mehr, was geschah. Ich weiß aber wieder ganz genau, dass es dann plötzlich schon nach acht Uhr war und ich längst drin sein musste im Internat. Das war jetzt geschlossen. Also über den Zaun und dann am Blitzableiter hoch, zum Fenster rein, angemotzt von den Älteren: Der fängt ja schon gut an!

Was dazwischen war? Eine Stunde lang? – Ein Kuss. Nur ein einziger Kuss. Eine Stunde lang. In den Schuppen gehn, wir? Kein Gedanke. Wir standen um acht noch genau da, wo wir um sieben gestanden hatten.

Es kam dann eine wunderbar verliebte Zeit. Wenn das Gymnasium Pause hatte, gingen die Mädchen selbstverständlich bei unsrer Schule vorbei, zwischen dem Nord- und dem Südbau. Ich war im Südbau, bei den Jüngeren. Jedes Mal stürzte ich in den Waschsaal rauf, um heimlich am Fenster meiner Regine zuwinken zu können. Sie hat es gesehn, konnte aber nicht gut zurückwinken, sie konnte nur ihr Vesperbrot hinter den Rücken halten und damit ein paar Mal auf und ab winken und puterrot werden dabei. Vollends als ich das einrohrige Fernrohr ergattert hatte. Da konnte ich sie sogar zwinkern sehn, aber auch eine Zornesfalte konnte ich sehn.

Sobald wir uns wieder trafen, warf sie mir das mit dem Fernglas an den Kopf. Das solle ich nur ja bittschön weglassen, das sei ganz unverschämt. Ich gab das Fernglas wieder zurück. Aber du warst doch so wild drauf, sagte der Besitzer. – Danke, kein Bedarf mehr.

Und überhaupt, sagte sie, habe sie in vier Wochen Prüfung, da könnten wir uns nicht so oft sehen jetzt.

Ich Esel respektierte das, und sie war nach den vier Wochen stinksauer. Weil die andern Mädchen sie gehänselt haben: Der will ja gar nix mehr von dir wissen! Und ich bin doch schier gestorben! Dann ein Brief von ihr! Der Himmel! Rauf in den Schlafsaal. Den Brief aufgerissen:

So, Martin! ... dann will ich von dir auch nichts mehr wissen ...

Krach – der Himmel war eingestürzt!

Also das war ja so was von ungerecht! Und ungerecht behandeln lassen mag ich mich bis auf den heutigen Tag nicht. Und Feigling stand auch noch drin.

Das 900-Jahr-Fest der Stadt nahte

So! Da musste sich das Gymnasium auch mit einer Gruppe am Festzug beteiligen. Wir nicht, die LOS, die Lehreroberschule, war ja staatlich, das Gymnasium aber war städtisch. Der Festzug setzte sich in Bewegung. Es interessierte mich natürlich nur eine einzige Stelle, die Gruppe mit den Römerinnen. Ich wusste, dass da eine sich furchtbar in ihrem Kostüm genierte und dass sie sich nichts anmerken lassen wollte, aber dass sie unentwegt nach links und nach rechts nach zwei Augen suchte.

Der Festzug war schon fast durch die ganze Stadt gekrochen. Sie war müde und sauer. Sie hatte mich nicht gesehn, ich aber habe immer wieder einen Blick auf die Römerinnen erhascht. Und dann von wegen Feigling. Ich hatte mir einen Fotoapparat ausgeliehen. Ich sprang mitten hinein zwischen die zweireihigen Römerinnen. Regine, die nach außen schaute, weil ihr eine was geflüstert und dahin gedeutet hatte, wo ich vorher noch stand, fuhr mit dem Kopf herum und schon machte es klack und ich hatte eine zornschnaubende römische Priesterin auf dem Bild. Ein paar hundert Meter weiter, ging ich dann einfach neben ihr mit im Zug. Sie hat sich erst ein bisschen geniert noch, aber dann war sie doch auch ein wenig kokett: Das trauen sich eure Freunde nicht, gell? Dass der lästige Festzug nun bald rum war, besserte die Stimmung auch, und als ich ihr sagte, wo ich sie nachher treffen würde, kam gerade die Sonne hinter einer Wolke hervor. Wunderbar, der Tag konnte beginnen, nachmittags um vier. Es war ja auch viel aufzuholen, nach so langer Abstinenz. Die Missverständnisse waren bald geklärt, denn wir konnten es ja beide nicht erwarten: das Küssen.

Das Küssen.

Regine und der tolle Schwimmer

Ich und schwimmen! Oje!

Als Älbler konnte ich ja noch nicht schwimmen, als ich ins Internat kam. Wo hätt ich's lernen sollen, in der Lauter?

Im Schwimmbad in Saulgau musste ich es lernen!

Gut, dass Regine mein hilfloses, ängstliches Gezappel nicht gesehen hat, anfangs.

Und nun kommt's: Ich konnte schon immerhin eine ganze Bahn schwimmen, ohne mich immer wieder am Rand festzuhalten, aber ich war natürlich bei weitem der Langsamste. Nun wurden die Zeiten gestoppt fürs Zeugnis. Eine Bahn hin, eine zurück. An einem Stück!

Startsprung. Ich überleb das, zapple den andern hinterher. Die kommen mir auf der Hälfte der Strecke schon wieder entgegen. Ich erreiche schließlich den Wendepunkt, in dem Moment werden schon die Nächsten gestartet. Ihnen entgegenschwimmen? Nein. Ich halte mich am Beckenrand fest, bis die Gruppe da ist und wendet, da schwimm ich mit und strenge mich gewaltig an und komme mit dem Letzten der Gruppe ins Ziel und werde zeitgleich mit dem gestoppt. Die zehntbeste Zeit! Und das Tollste: Regine hat das mitbekommen. Am Abend, hinterm Schuppen, gratulierte sie mir. Ich korrigierte sie nicht, ließ sie in dem Glauben, die Sache war mir gar nicht so wichtig. Das Küssen war mir wichtiger. Und ihr auch.

»Du hast so einen wundervollen Mund, sagen die Mädchen im meiner Klasse alle, so volle, rote Lippen ...«

»Na, die müssen's ja wissen.«

»Wirklich? Welche müssen's wissen?«

»Ach komm! Gar nix können die wissen, nur du kannst es wissen, nur du. Unser Küssen!«

Ich war einfach im Himmel. Total.

Und dann, dann rissen die furchtbaren Sommerferien die wundervollsten Küsse auseinander.

Die fürchtbaren Sommerferien

Der Herr Lehrer in dem kleinen Dorf hatte noch eine kleine Landwirtschaft nebenher, und Regine musste ihrem Vater helfen.

Und ich hockte 50 Kilometer weiter weg auf der Alb. Aber ich hatte ja ein Fahrrad. Also, auf geht's! Aber die ganze Familie dort, die Eltern, die Geschwister und Verwandten, die wollte ich eigentlich nicht sehen und die würden uns ja sicher keinen Augenblick aus den Augen lassen. Und was ist das Leben ohne Küssen? Strohbuscheln machen, aufeinander bauen zu einem Schober und hinter dem Schober, so wie hinter dem Schuppen ...? Von wegen. Tausend Augen. Offene Augen. Wenn die andern sich im selben Moment wenigstens alle auch küssen würden und die Augen zu hätten? Jaja, klar, ich kann ja zu denen sagen: Alle mal herhören, jetzt küsst euch mal schön! Nein.

Was tun, wenn man traurig ist? Singen. Ganz allein so vor sich hin:

Küsset dir ein Lüftelein
Wangen oder Hände,
denke, dass es Seufzer sei'n,
die ich zu dir sende.
Tausend schick ich täglich aus ...

O Silcher, ja. Wenn man dabei nur nicht so weinen müsste!

Ach wäre sie doch hier!

Das Fahrrad. Sie hatte doch auch ein Fahrrad. Sie könnte doch ... Ach Quatsch, allein. Und mit mir zusammen schon gar nicht.

Aber aus dem Kopf ging's mir jetzt schon nicht mehr. Hierher auf die Alb sollte sie kommen! Zu mir! Da gibt es die schönsten Plätze. Da gibt es Plätze, wo man überhaupt nichts anderes tun kann als nur küssen. Auf dem Lämmerfelsen. Oder auf einem Ast der urgermanischen Linde. Oder bei den Buchen. Oder auf dem weich bemoosten Felsen, den ich für ein Stelldichein mit Elfriede einst ausgedacht hatte und der immer noch auf so ein Ereignis wartete. Also, Regine musste auf die Alb gelockt werden. Mein jüngerer Bruder hatte auch ein Fahrrad.

Für Regine in fünf Tagen üm die Welt

Ich zu meinem Bruder: Du, Manne, wollen wir eine Radtour machen?

Haja, 's Lautertal nunter?

Nein, 's Werfetal nunter.

Und dann wieder rauf? Oje!

Nix wieder rauf, Simpel, weiter.

Nach Zwiefalten? Und über Sonderbuch raufschiebe? Noi.

Nix Sonderbuch: weiter, nach Riedlingen, Herbertingen, Mengen, Sigmaringen, Tuttlingen, bis in den Schwarzwald rein.

Übergeschnappt! Total übergeschnappt.

Ha, doch nicht an einem Tag. Mit'm Zelt. Und Jugendherbergsausweis.

In den Schwarzwald rein, lauter Berge hat's da!

Ja, aber wenn wir dort sind, haben wir's gschafft, nur noch bergab heimwärts. Und sogar über den Bodesee könnet mir, wenn wir wollen.

Ha, des wollen wir dann schon.

Gut. Und dann heimwärts über ...

Aber den Namen von dem Dorf brachte ich nicht heraus. Das sollte mein kleiner Bruder auch gar nicht wissen, dass die ganze Radtour nur eingefädelt war, um am Schluss in einem kleinen Ort bei Saulgau ein Mädchen abzuholen. Zu dritt dürfte sie sicher mit, dachte ich, mit meinem kleinen Bruder als Anstandswauwau. Also wurde der Rucksack gepackt.

Und los ging's am Montagmorgen das Werfental hinunter. Das schöne Glastal mit dem Lämmerfelsen und Schloss Ehrenfels und Wimsen, »die einzige mit Schiff befahrbare Höhle Deutschlands«, ließen wir rechts liegen, das berühmte Barockmünster in Zwiefalten links. Ein paar Schluck Wasser am Brunnen und weiter, bis wir die Donau und den Bussen sahen.

»Gleich sind wir in Riedlingen.«

Das Brüderlein strampelte noch munter mit. Gleich gab's ja auch was zu vespern, in Riedlingen, am Brunnen, einen Leberkäswecken! Jetzt hätten wir auch mit dem Zug weiterfahren können. Aber erstens war dafür kein Geld eingeplant und zweitens, was wär das für eine Radtour! Nein, nein. Also weiter auf der Landstraße das Donautal hinauf. Wir ließen uns durch nichts aufhalten.

In Herbertingen hatte ich schon einige Schwierigkeiten, denn da hätte ich leicht nach Saulgau abzweigen können, aber nein. Auch die Heuneburg ließen wir rechts liegen und das Sigmaringer Schloss wieder links. Mein Bruder verstand nicht, warum wir keinerlei Sehenswürdigkeiten besuchten, so toll und so berühmt sie auch waren. Er wusste ja nichts von der Sehenswürdigkeit, die ich im Kopf hatte. Zwischen Sigmaringen und Tuttlingen hatte ich dann ein Erbarmen. Mein Bruder durfte uns einen Nachtlagerplatz aussuchen. Er wollte direkt an die Donau, so nahe wie möglich an die Donau ran.

Das wollte ich auch. Wir packten unser Dreiecks-Wehrmachtszelt aus und stellten es auf.

Zum Feuermachen waren wir zu müde. Wir schliefen schon, bevor es Nacht war. Und das war gut so, denn die Nacht sollte von kurzer Dauer sein. Wir waren so glücklich über unser schönes Zeltplätzle, wo wir die Füße in die Donau hängen lassen konnten.

Aber für andere war das eben leider auch ein schöner Platz. Für eine Herde von Wildsauen nämlich. Die überrannte unser Zelt einfach. Der schöne Pfad, auf dem wir zelteten, war ein Wildsauenpfad. Die Sauen stürmten halt wie jeden Morgen zum Wasser. Ein getarntes Wehrmachtszelt konnte sie nicht schrecken oder aufhalten, die überrannten uns einfach.

Das war die erste Nacht.

Nach einem Bad in der schönen blauen Donau war's uns jetzt nicht zumute. Wir sammelten unsere Trümmer zusammen, Stöhnen über Muskelkater ließ ich nicht zu, es ging unverzüglich weiter, dem Schwarzwald entgegen.

Meinem Bruder muss es gegraust haben bei dem Gedanken an die Schwarzwaldhöhen.

Mir machte es überhaupt nichts aus, ich verschwendete gar keinen Gedanken daran, ich hatte im Kopf gar keinen Platz dafür, höchstens: erst Dienstag heute! Also, bis nach Tuttlingen war es gar nicht mehr so weit. Wir hatten es gestern doch ganz schön laufen lassen. Bis zum Titisee könnten wir das heute schon schaffen. Könnten! Blödsinn: müssen wir! Und taten wir auch! Obwohl ich in Donaueschingen doch tatsächlich eine Pause zuließ: Wo die Donau entsprang, das wollte ich denn doch sehen. Ja, und die Donauversickerung, gleich hinter Tuttlingen, auch. Bei Immendingen ist das. Schon toll, wenn man extra irgendwo hinfährt, um nichts zu sehen, buchstäblich nichts, kein Tröpfchen Wasser. Aber das muss man gesehn haben!

Also von Donaueschingen weiter nach Neustadt und zum Titisee. Nochmal zelten? Da war nichts mehr zu machen, das Zelt war hin. Wir mussten nach einer Jugendherberge gucken. Da konnten wir dann sehr gut schlafen, denn wir wussten: Am nächsten Tag geht's bergab, dem Rhein zu.

Das war die zweite Nacht. Und es war wieder einen Tag näher am Samstag!

Aber von wegen bergab! Die Schwarzwaldhochstraße runter. Da geht's zwischendurch auch wieder ganz schön rauf. Ein Schlauch! Höchenschwand, das war der höchste Punkt, glaub ich, nein, weiß ich, weiß ich heut noch, das steht da irgendwo auf einer Tafel, glaub ich. Die Schwarzwaldhochstraße, ja, wahrscheinlich ist die wunderschön, die Aussicht wahnsinnig toll wahrscheinlich. Dann Waldshut. Da waren wir dann zum ersten Mal am Rhein. Und da wollten wir natürlich auch den Rheinfall sehen. Dazu mussten wir nach Schaffhausen, und das war in der Schweiz.

Die Schweizer Zollbeamten! Also da kommt jetzt ein Kapitel! Da wollen wir doch lieber vorher nochmal übernachten. Das haben wir uns beide gesagt, als wir an der Grenze zu hören bekamen, wir müssten den Kanton Schaffhausen »innert« vier Stunden durchfahren haben. Ich kann's heute noch nicht glauben, aber so war das damals tatsächlich noch. Es war ja erst fünf oder sechs Jahre nach dem Krieg. Also haben wir noch vor der Grenze übernachtet. Wo? In Erzingen, glaub ich, wenn ich jetzt auf die Karte schau, oder in Wutöschingen, das klingt besser. Die Nacht konnten wir jedenfalls nicht gut schlafen. Die Aufregung. In vier Stunden durch die Schweiz! Die Zollbeamten!

Damals hatte ich zwar noch nicht viel Erfahrung mit ihnen, später dann umso mehr und wahrhaft herzliche! Einmal hab ich zu so einem Grenzbeamten gesagt: Dass das klar ist – wir halten die Russen das nächste Mal nicht wieder auf, dass ihr Schweizer euch die Händchen reiben könnt. Nein, das nächste Mal, wenn die Russen kommen, stehn wir alle Spalier und zeigen alle in eine Richtung und sagen: Da geht's in die Schweiz!

Ich durfte damals nämlich eine in der Schweiz gekaufte Drehorgel nicht mit meinem VW-Bus wieder mit reinnehmen in die Schweiz, sondern musste sie in Deutschland deponieren.

Aber das war später.

Jetzt war erstmal die dritte Nacht rum.

Jetzt stand erstmal die erste Erfahrung mit Grenzbeamten an.

Ein rotes Formular: Sie müssen die Enklave Schaffhausen innert vier Stunden durchquert haben, das heißt auf dem direkten Weg.

»Und der Rheinfall?«

»Der ist auf dem direkten Weg. Aber da hält man sich nicht so lange auf und versperrt den richtigen Touristen den Platz. Den guckt ihr an und weiter. Das ist ja kein kirchlicher Wallfahrtsort, wo man noch Gebete verrichtet oder eine Stunde lang einen Gottesdienst abhält. Das ist der Schaffhausener Wasserfall, und den guckt ihr an, und dann kauft ihr ein Pfund Kaffee und verlasst die Schweiz wieder.«

Ich habe meinen Bruder streckenweise schieben müssen. Wie eine Furie bin ich geradelt. Er konnte einfach nicht mehr. Ich die linke Hand am Lenker und die rechte auf seinem Rücken, ihn geschoben und zwar im Höchsttempo. Am Rheinfall haben wir wirklich nicht lange gebetet. Einen Kaffee haben wir aber nicht gekauft, sondern eine Schokolade, und die haben wir sofort aufgefressen, so dass wir nix mehr zum Schmuggeln hatten, sondern ein ruhiges Gewissen, das heißt: wenn es uns gelang, rechtzeitig wieder an der Grenze zu sein.

Wir waren eine Stunde zu früh dort. Ich wurde ja nicht nur von den teuflischen Beamten gehetzt, ich war ja auch noch beflügelt! Mein Bruder verstand schon lange nicht mehr, warum wir unbedingt die Tour de France gewinnen mussten. Er bekam dafür an der Grenze nochmal eine Schokolade von mir, »die kannst aber unterm Fahren aufessen, los!«

»Wir haben doch noch eine Dreiviertelstunde Zeit«, maulte der.

»Was!«, fuhr ich ihn an, »keine Minute, keine Sekunde länger als nötig bleibe ich hier. Die schenk ich denen, die Dreiviertelstunde!«

Das war also unser erstes Grenzerlebnis. Jetzt ging es weiter, Richtung Bodensee, über Singen, Radolfzell nach Konstanz. Tolle Juhe, in einem hohen, runden Turm. Da konnten wir unser erstes Grenzerlebnis verdauen.

Oder war es das zweite Grenzerlebnis, war das mit dem Wein- und Kaffeeschmuggel schon früher? Kommt mir jetzt fast so vor. Der Papa, der nach dem Krieg kein Auto mehr hatte, hatte sich ein Auto geliehen. In Hallau, auch im Kanton Schaffhausen, hatten wir anscheinend Verwandte. Die gaben uns Schnaps und Wein und Schokolade und Zigaretten und Kaffee mit. Kurz vor der Grenze zerbrach eine Flasche Wein. Der Sitz war durchtränkt, eine Alkoholwolke stand im Auto. Schon recht, sagte der Vater, dann riecht der Zöllner unsern Kaffee nicht.

Der Zöllner streckte den Kopf herein: Haben Sie was zu verzollen? Und zog den Kopf gleich wieder zurück, ganz benebelt wahrscheinlich. Er wollte uns schon weiterwinken, denn Alkohol am Steuer, darauf achtete die Polizei damals noch nicht. Wir hätten also weiterfahren können, wenn unsre Mama nicht gesagt hätte: Nein, nein, wir haben nichts. Auch das wäre noch gegangen, wenn sie dabei nicht ausgestiegen wäre, und plumps lag der Kaffee, den sie unter den Rock gesteckt hatte, am Boden. Jetzt war natürlich Schluss mit lustig, jetzt mussten wir alles verzollen. Und keinem hat dann zu Hause der Kaffee richtig geschmeckt und der Wein und die Schokolade und die Zigaretten, weil es ja nicht mehr für umsonst war.

Wir hatten jedenfalls die vierte Nacht hinter uns.

Wir waren in Konstanz. Ich studierte die Landkarte. Eigentlich könnten wir's jetzt an einem Tag vollends bis nach Hause schaffen ...

Mein Bruder aber: Hano, jetz mach's aber halblang! Da wären wir ja einen Tag zu bald daheim.

Er hatte Recht. Das war ja nicht der Sinn der rasenden Furienfahrt. Du hast Recht, sagte ich, wir sind am Bodensee! Jetzt wird mal Bootle gefahren.

»Aber wenn du reinfällst, kriegst den Ranzen voll.«

Mein Bruder konnte es kaum fassen, dass wir nicht schon wieder im Sattel saßen. Und er hatte ja Recht. Es war bis dahin wirklich eine Gewalttour gewesen, da hätte man normalerweise die doppelte Zeit brauchen dürfen.

Es war jetzt Freitag. Ich durfte sowieso erst am Samstagmittag in dem Dörfle bei Saulgau eintreffen. Es war natürlich beruhigend, dass wir schon so nahe waren, aber ich war trotzdem zappelig wie ein Kasperle an der Schnur.

Du hast Recht, sagte ich zu meinem Bruder. Aber dann fahren wir trotzdem heute noch über den Bodensee mit der Fähre und radeln bis Friedrichshafen und übernachten dort nochmal. Gut.

Die fünfte Nacht war rum.

Es war Samstag!

Herzklopfen.

Abfahrt.

Ravensburg, Weingarten, die Blitzenreuter Steige hinauf, Altshausen – und da passierte es: Plattfuß! Vier Kilometer vor dem Ziel. Am Hinterrad von meinem Bruder. So ein Blödsinn!

Flicken? Dazu hatte ich jetzt nicht die Nerven. Ich gab meinem Bruder alles Geld, das wir noch hatten, und ließ ihn stehn. Er soll's flicken lassen hier in Altshausen. Ich musste weiter. Ich wart auf dich im nächsten Dorf. Im nächsten Dorf!

Sie stand am Ortseingang! Regine! Sie hatte einen roten Kopf. Sie schwitzte. Aber nicht meinetwegen.

Sie war nicht allein. Sie stand auf einem Kornfeld, mit ihren Eltern und Geschwistern, und schwitzte vom Garben-Tragen. Jetzt hieß es todesmutig sein und einfach fragen. Nein, ging nicht, mein Anstandswauwau war ja nicht da. Ach was, ich erzählte einfach allen, dass mein Bruder einen Platten habe und ihn in Altshausen flicken lasse und ob dann Regine mit uns fahren dürfe, sie wolle doch so gern die Wimsener Höhle sehn.

Willst du die Wimsener Höhle sehn?, fragte ihr Vater. Regine, die keinen roten Kopf mehr hatte, wurde nun knallrot.

Wie alt ist der Bruder?

Dreizehn.

So. Und die Regine und du, ihr zwei seid noch nicht mal fünfzehn. Es kommen Wolken, wir müssen weiterarbeiten.

Der mit seiner Landwirtschaft!

Wenn's doch bloß keine Eltern gäbe! Die ganze Woche für die Katz geradelt!

Alle arbeiteten weiter. Niemand sagte mehr was. Da half ich einfach mit, das gemähte Korn auf Häufchen zu rechen. Garbenseile auslegen, die Häufchen drauflegen und der Vater band dann die Garben zusammen und wir stellten sie zu Häuschen auf. Auf das Gschäft hab ich mich die ganze Woche schon gefreut!

Mein Bruder kam. Wir fuhren weiter.

Jetzt fuhr mein Bruder voraus. Bis nach Saulgau. Da wollte er wissen, wie es weitergeht.

Wie es weitergeht!

Ja. Nicht einmal ein Kuss! Die Ferien konnten mir jetzt vollends gestohlen bleiben. Jetzt durfte ich mich auf die Schule freuen, mit der ich doch erhebliche Schwierigkeiten hatte. Und sie mit mir. Mein Bruder wollte wissen, wo meine Schule sei, das Internat, die LOS. Voller Ingrimm zeigte ich sie ihm. Er sagte nichts. Was sollte er zu so einem trostlosen Backsteingebäude auch sagen. Den Blitzableiter zeigte ich ihm nicht. Dafür war er noch zu jung.

Dass mir aber auch gar nichts hatte einfallen wollen!

Die Base Annelies! Die hätt mir einfallen können, die hätten wir besuchen sollen, nicht die Wimsener Höhle! Nein, hätte auch keinen Zweck gehabt. Alle wussten ja, dass die Annelies am Wochenende nicht heimfährt.

Von Saulgau zurück nach Hayingen waren es normal nur noch zweieinhalb Stunden. Aber es wurde Nacht, bis wir daheim waren. An jedem kleinen Hügel stieg ich ab und schob. Die Schwarzwaldberge bin ich hochgestrampelt und durch die Schweiz hatte ich meinen Bruder noch geschoben. Jetzt musste er dauernd auf mich warten.

Wir machten in diesem Sommer keine Radtour mehr.

Ich ging gerne wieder in die Schule. Denn da war Regine und da war der Schuppen. Und ich war glücklich. Das ging schon noch eine ganze Zeit lang.

Wie die Liebesgeschichte ausging?

Ja, *aus* ging.

Sie ging *aus.*

Noch nicht gleich. Später.

Regine ging mit einer Gruppe von ihrer Schule ins Skilager. Als sie zurückkam, hatten wir LOS-ler an einem Abend Kinoausgang. Ich traf mich mit Regine am Schwimmbad. Ich konnte sie nicht ansehen. Wir saßen nebeneinander und ich konnte sie nicht ansehen. Ich wusste, dass etwas passiert war, was mit mir nie passiert ist, und sie wusste, dass ich es wusste. Ich denke jetzt, sie hatte ein furchtbar schlechtes Gewissen, denn sie versuchte alles. Sie nahm mich in die Arme, sie küsste mich. Sie stand auf, zog mich hoch und drückte mich ganz fest an sich. Wie noch nie. Das hatte sie noch nie so gemacht.

Komm mit rauf ins Wäldchen, sagte sie.

Ich muss ins Kino, sagte ich, wir haben Kinoausgang. Wir müssen morgen etwas über den Film erzählen.

Kinoausgang?, sagte sie, dann haben wir jetzt zwei Stunden Zeit, komm. Ich muss ins Kino, sagte ich und ging. Aber nicht ins Kino.

Als die andern kamen, saß ich auf der Portaltreppe des Südbaus und heulte immer noch.

Die andern: Der Film war doch ganz lustig!

Ja, schniefte ich, ich heul ja vor Lachen.

Komm rein, sonst musst wieder am Blitzableiter nauf, sagte einer, und alle lachten.

Aber jetzt bin ich vorausgesprungen. Internat, das war ja viel später. Ich bin ja noch in der Volksschule. Und es ist erst kurz nach dem Krieg.

Zigarrenstümmel fressen

Der Philipp, ja, vom verliebten Philipp und dem Luderle Lilly bin ich zu meinem Verliebtsein gekommen, zu Roswitha und zu Elfriede und dann ins Internat und zu Regine.

Zurück aber jetzt zum Philipp.

Der Philipp hat auch noch eine Schwester gehabt, die bucklige Hele. Einen richtigen Höcker hat die gehabt. Wie eine Hexe ist die rumgelaufen. Und die Großmutter noch dazu: nur einen Zahn noch im Mund, grad wie die alte Frisörin, und Warzen auf den Backen. Eltern haben sie anscheinend nicht gehabt, die zwei. Manche Leute sagten hehlingen: dass man die ganze Familie nicht abgeholt hat damals! Hätt niemand gewundert, wo die grauen Busse doch fast jeden Tag durchs Städtle nach Grafeneck gefahren sind eine Zeit lang.

Die anderen wiederum sagen: Das wäre schad gewesen, man hat doch auch was zu lachen gehabt an denen.

Die Hele mit ihrem Buckel hat sich in die Wirtshäuser getraut, in denen nur Männer saßen. Sie ist nicht wegen der Männer gekommen. Sie hat die Zigarrenstummel aus den Aschenbechern geholt und gefressen. Nein, sie hat sie nicht gefressen, wissen andere, sie hat sie ihrem Großvater gebracht, der hat sie gekaut als Kautabak.

Selber gekaut hat sie sie, halten die andern wieder dagegen. Hat sie bei ihrem Großvater gesehn und hat es nachgemacht.

Aber bestimmt nur einmal!

Nix da, jeden Sonntag, wissen's die andern besser.

Vor allem wir, die Ministranten, wussten Bescheid. Der Schreinerdickl hat auf dem Weg zur Kirche nämlich immer einen Stumpen geraucht. Der war erst halb aufgeraucht, wenn er an der Kirche ankam. In der Kirche weiterrauchen konnte er nicht gut, also hat er ihn ausgedrückt und in eine Astgabel gelegt vom Thujabaum vor der Kirchentür. Hat die Hele natürlich spitzgekriegt und hat sich den Stumpen geholt und sofort gekaut oder ihn mitgenommen. Das nun haben wir Ministranten natürlich mitbekommen, wir waren ja die Einzigen, die auch während der Messe mal draußen waren, zum Glut Holen zum Beispiel fürs Rauchfass. Ja und da haben wir uns einen tollen Spaß ausgedacht: Der Stumpen liegt in der Astgabel. Die Hele wird kommen und ihn sich holen und sofort in den Mund stecken. Also pinkeln wir drüber über den Stumpen und legen ihn wieder in die Astgabel.

Gesagt, getan.

Und die Hele kam.

Und der Stumpen hat nachher gefehlt.

Je suis fini!

Dem Karle O. sein Vater ist ein Original gewesen. Paul O. hat er geheißen. Ein kleiner Bauer mit nur ein paar Kühen, kein Pferd. Wenn er mit seinem Kuhfuhrwerk langsam, langsam den Berg heraufkam, ist er immer ein paar Meter vor seinen Kühen hergelaufen.

Der Paul O. ist Soldat gewesen in Frankreich im Ersten Weltkrieg.

Das war unauslöschlich für ihn. Er hat einige Sätze französisch gekonnt und sie auch angebracht bei uns. Und vor allem in der Kirche. Er hat aus Frankreich ein Gebetbuch mitgebracht. Das benutzte er nun in der Messe statt des deutschen Gebetbuchs. Halblaut hat er den französischen Text gemurmelt, hat sich nicht draus bringen lassen durch die andern.

Er hat auch sein eigenes Tempo gehabt. Wenn die deutsche oder die lateinische Messe länger dauerte, dann hat er sein Gebetbuch zugeklappt und hat gesagt: Je suis fini! Und hat das Maul nicht mehr aufgemacht bis zum Schluss der Messe.

Ein Kommunist wird Bürgermeister

Dem Heppasepp sein Vater war der erste Bürgermeister nach dem Krieg. Nicht gewählt, die Franzosen haben ihn eingesetzt. Einen Kommunisten! Dem seitherigen Bürgermeister haben sie auf dem Marktplatz die Brille zertreten und ihn, der ohne Brille fast nichts sehen konnte, die Scherben zusammenlesen lassen.

Im Krieg hat es immer wieder Versammlungen gegeben, bei denen irgendein höherrangiger Nazi gesprochen hat. Am Schluss der Versammlung dann jedes Mal das Deutschlandlied, natürlich die erste Strophe und mit erhobenem rechtem Arm, dem Hitlergruß. Die Veranstaltungen waren nicht für Kinder, aber einmal mindestens hab ich mich reingeschlichen. Die Erwachsenen haben ja alle nach vorne geschaut auf den Redner. Und standen beim Deutschlandlied am Schluss wie eine Mauer vor mir.

Und da hab ich's gesehn: Der Hepp mit seiner Glatze stand ganz hinten. Alle hatten die Rechte zum Hitlergruß erhoben und sangen die erste Strophe. Der Hepp hatte die Linke erhoben und die Hand zur Faust geballt. Was das bedeutete, wusste ich nicht. Aber dem Heppasepp sein Vater ist ein paar Tage später abgeholt worden und ist erst nach dem Krieg wiedergekommen.

Dass der damals ins KZ gekommen ist, hat niemanden gewundert. Der hat ja auch gesagt, dass er keine Angst hat, dass Deutschland den Krieg verlieren könnte.

Was? Was?, haben die Leute sich gewundert, das sagt der?

Aber der hat weitergemacht und gesagt: Ich hab nur Angst, dass Deutschland den Krieg gewinnen könnte.

Fritz schießt

Der Fritz schießt mit der Pistole. Und ich sollte auch. Nein. Neinnein.

Es war eine deutsche Pistole, eine 08. Die hatte der Fritz noch organisiert, bevor die Franzosen gekommen sind. Die sollte man dann abgeben, wie alle Waffen. Aber der Fritz hat einen Stein aus der Mauer von der Holzgasse genommen, hat die Pistole reingelegt und den Stein wieder draufgesetzt. Niemand außer ihm und mir hat das Versteck gewusst. Doch, der Rahmer Schorsch, der hat gewusst, dass wir eine Pistole haben. Der hat gesagt, wenn er nicht auch eine kriegt, dann verrät er uns.

Der Fritz hat ihm eine besorgt.

Und mit dem Fritz seiner Pistole haben wir Schießübungen gemacht. Nicht in der Holzgasse natürlich und auch nicht im Garten. Wir sind raus zu unsrer entlegensten Wiese direkt am Wald.

Und da ist auch tatsächlich ein Reh herausgekommen und hat geäst. Und der Fritz hat in aller Ruhe mit der Pistole zielen können. Mit beiden Händen hat er die Pistole gehalten und dann hat es gekracht. Ganz furchtbar hat das gekracht. Das Reh ist scheints Schießereien gewöhnt gewesen, es hat weitergefressen, und der Fritz hat nochmal schießen wollen. Oder halt, schieß du, hat er gesagt, jetzt darfst du auch mal schießen. Er hat mir die Pistole in die Hand geben wollen, aber ich hab noch gezittert von dem Schuss. Neinnein, hab ich gesagt, komm, wir gehn heim. Wenn den Schuss vorhin jemand gehört hat!

Es hat ihn niemand gehört, und der Fritz hat auch noch weitere Schießübungen gemacht, auch mit Gewehren, die hat er im Heuboden versteckt. Mit denen hat er später auch gewildert. Leidenschaftlich. Echt auf echtes Wild zu schießen, dafür hatte ich kein Verständnis. Ich habe als Indianerhäuptling immer nur in der Phantasie Wild erlegt mit dem Pfeil und Bogen und mit meinem schön verzierten Speer.

Und mit meiner Steinschleuder hab ich auf Spatzen geschossen. Aber nicht ernsthaft. Ich hab einmal ganz ungezielt in den Kastanienbaum beim Feuerwehrhaus reingeschossen, und da ist ein toter Spatz runtergefallen. Ich hab es nicht fassen können.

Und als Winnetou bin ich auf die Jagd gegangen, in voller Ausrüstung, mit dem Kopfschmuck aus Pappe und Federn, mit Speer, Tomahawk und

Pfeil und Bogen. Lautlos bin ich durch den Wald geschlichen. Ich hatte schon meine bekannten Pfade. Da hab ich nach Spuren gesucht, Spuren von feindlichen Weißen und von den feindlichen Komantschen und vom Grizzlybären. Ich hab einen Strauch zur Seite gebogen und gespielt: Da steht ein Reh. Hab meinen Speer angesetzt zum Werfen. Da lag da tatsächlich ein Reh vor mir, ein Rehkitz zum Greifen nah und ich mit erhobenem Speer. Ich hätte nur zuzustechen brauchen. Das Kitz hat mich angeguckt, es ist nicht weggerannt, hat nur geguckt, und ich war erstarrt.

Hab mich nicht rühren können. Da ist das Rehkitz aufgestanden, ganz langsam ist es aufgestanden und ist weggegangen. Das hat mich total durcheinander gebracht, so was Reales, hat mir was genommen, hat mir was von meiner Phantasie genommen.

Alma, die verrückte Kuh

Nein, keine Kuh, eine Kalbel ist die Alma noch gewesen, ein Fräulein. Kuh wird eine Kalbel erst, wenn sie so weit ist, dass sie ein Kälble kriegen kann.

Aber an den Wagen gespannt werden konnte das Fräulein schon, mit einer erfahrenen Kuh zusammen, versteht sich.

Der Hansonkel war noch in Gefangenschaft. Er war Ortsbauernführer gewesen in Dritten Reich. Ein Nazi war er, glaub ich, nicht, dazu hatte es ihm viel zu viele Schafsköpfe in der Partei, Taugenichtse, was da alles in Uniform rumlief, du lieber Gott, noi!

Mein Vetter Fritz und ich haben zum Mähen gemusst. Mit der Mähmaschine. Wir haben am Abend vorher die Mähmesser geschliffen am Schleifstein. Ich hab den Schleifstein gekurbelt, zehn oder elf war ich. Der Fritz, zwei Jahre älter, hat die Messer an den Schleifstein gehalten.

Am Morgen haben wir also eingespannt. Als Leitkuh haben wir die Gertrud genommen, die schöne Gertrud, mit ihren ganz besonderen Hörnern. Die gingen erst waagrecht vom Kopf weg, dann senkrecht in die Höhe. Sie stand ganz vorn im Stall. Sie war die Chefin. Ganz hinten stand die Alma, die Kalbel. Wenn der Hansonkel wieder da wär, würde sie wohl zum Häge geführt werden in den Farrenstall. Aber so ist sie erst mal noch ein Mädchen geblieben, und sie hat sich ans Erwachsenwerden erst gewöhnen müssen. Mit der Gertrud zusammen sollte das schon klappen.

Wir sind mit der Mähmaschine hinaufgefahren zum Klosterweg. Eine etwas abschüssige Wiese haben wir da zu mähen gehabt. Ich hab die Gertrud am Kopf geführt, am Halfter. Der Fritz ist auf der Maschine gehockt und hat mit der Geißel gepfitzt.

Zweimal waren wir schon rum um die Wiese. Zwei schöne Mahden hatten wir gelegt. Bei der Dritten ging es jetzt schon etwas enger um die Kurve am Ende der Wiese. Es ist da auch ein bisschen steil hinaufgegangen. Und dann kam die Linkskehre, einschwenken zur nächsten Mahd. Die Gertrud hat kapiert, was ich wollte. Sie hat die Alma mitgezogen. Die hat plötzlich gebockt. Der Fritz pfitzte sie. Sie machte einen Satz nach vorn und ließ sich dann zur Seite fallen, auf die Deichsel drauf mit ihrem ganzen Gewicht. Die Deichsel krachte ab, die Alma fiel auf die Seite von der Gertrud. Die konnte nicht ausweichen, sie war ja an die Deichsel gekettet. Die Alma lag mit ihrem ganzen Gewicht auf ihr. Der Gertrud hat es den Hals zusammengezogen. Sie verdrehte schon die Augen. Fritz war heruntergesprungen.

Er hat die Gertrud an den Hörnern gepackt. Er wollte ihr signalisieren: Zieh nicht so, weil du ja sonst dich und die Alma erwürgst.

Mach du die Alma los, schrie er mich an. Ja, mach sie los, Menschenskind! Die hat die Kette ja so stramm gezogen! Ich krieg sie nicht los! Die hat schon Schaum vor dem Maul, aber ich krieg sie nicht los!

Der Fritz hat immer noch die Gertrud an den Hörnern festgehalten. Seinen Kopf zwischen den senkrechten Hörnern und in jeder Hand ein Horn. Da schüttelte die Gertrud heftig ihren Kopf. Und der Fritz, mit seinem Kopf zwischen den Hörnern, den hat es hin und her gehauen. Die Hörner schlugen gegen seinen Kopf. Der Fritz ist bleich geworden und ist ins Gras gesunken. Ohnmächtig.

Jetzt bin ich dagestanden! Die Gertrud verdrehte immer mehr die Augen und keuchte nur noch, der Fritz lag im Gras, vielleicht tot, die Alma schäumte und erstickte wahrscheinlich auch gleich. Was sollte ich machen? Um Himmels willen, was sollte ich machen?

Ich hab die Kette losgelassen, hatte ja keinen Zweck. Ich gab der Alma einen Tritt. Da machte sie einen Satz in die Höhe und auf die Seite zur Gertrud hin.

Sie riss so stark an ihren Gurten, dass das Leder zerriss und sie über die abgebrochene Deichsel rüberfiel, zur Gertrud rüber. Wie sollte ich dieses Knäuel entwirren! Immerhin, die Alma hatte sich losgerissen, die erstickte nicht mehr. Aber der Gertrud ging es immer schlechter. Der Fritz rührte sich immer noch nicht. Doch, jetzt, er musste speien, es war ihm schlecht. Mit letzter Kraft und Wut hat jetzt die Gertrud an ihrer Halskette gerissen. Da brach die Deichsel vollends und Gertrud bekam wieder Luft, die abgebrochene Deichsel hing ihr am Hals.

Und der Fritz hat wieder Farbe bekommen.

Die ist verrückt, die Kalbel, stöhnte er. Wir hätten sie nicht einspannen dürfen. Führ sie heim und bring mir Werkzeug. Hammer und Nägel und zwei Bretter, dann kann ich die Deichsel zur Not flicken.

Ja, wie soll ich die Alma denn heimbringen? Die hat ja ihr ganzes Geschirr zerrissen, da kann ich sie nirgends festhalten.

Da, komm, die Kette ist noch ganz, sagte der Fritz, die Kette um den Hals und jetzt los.

Ja, los, den Klosterbergweg runter, die Werfentalstraße rauf.

Auf der Höhe von der Pumpstation kam ein Auto. Das hat grad noch gefehlt! Hat die Alma wohl auch gedacht. Ich hab sie nicht mehr halten können, sie hat sich einfach in den Straßengraben gelegt. Fertig. Aus. Mach was.

Das Auto war vorbei.

Hü, Alma, komm!

Nichts. Die Alma blieb liegen.

Wie krieg ich dieses Rindvieh jetzt in die Höhe? Dieses verrückte Rindvieh! Die war wirklich verrückt, die Alma, sie hatte schon wieder Schaum vor dem Maul, bloß weil ich ein bisschen an der Kette gezogen hab.

Sie dachte gar nicht dran, wieder aufzustehn. Die bleibt mir einfach liegen hier! Ich hab geweint vor Zorn. Ich soll diese Kuh doch heimbringen und soll Werkzeug bringen! Lass ich sie einfach liegen und geh? Kommt niemand vorbei, der mir hilft?

Nichts, niemand weit und breit. Da bin ich einfach losgegangen. Soll sie doch liegen bleiben, die verrückte Kuh!

Ich bin losgegangen und hab mich nicht mehr umgeschaut.

Und das war richtig, was ich gemacht hab. Plötzlich hör ich was schnaufen hinter mir, und plötzlich hab ich eine nasse Kuhschnauze im Genick. Die verrückte Alma hatte also geruht, sich zu erheben und ist mir gefolgt. Vielleicht hat sie meine Tränen gesehn und hat gedacht: der arme Bub.

Ein paar Tage später hab aber ich gedacht: die arme Alma. Da ist nämlich der Metzger gekommen. Die Kalbel Alma hat es nie zur Kuh gebracht.

Das ehemalige herzogliche Lustschlösschen Grafeneck

Auf dem Platz vor dem Pfarrbrunnen, gegenüber von unserm Schuhladen, da haben sie immer gehalten, die grauen Omnibusse. Anno 1940 war das.

Eine ganz vage, graue Erinnerung hab ich da noch.

Da haben sie immer gehalten, die grauen Busse mit den Milchglasscheiben, hat meine Mutter geflüstert, viele, viele Jahre danach. Lange nach dem Krieg.

Brauchst doch heutzutage nicht mehr flüstern, hab ich gesagt, das kannst du laut sagen, heutzutage. Heutzutage kannst du alles laut sagen.

Da hat der Schofför immer seinen Bus stehen lassen und ist zum Vespern und zu einem Bier gegangen in die Wirtschaft, hat meine Mutter weitergeflüstert.

Und da hat ihn mal einer gefragt: Sag mal, warum hat denn dein Bus so Milchglasscheiben, da sieht ja gar keiner raus?

Und nicht rein, hat ein anderer gesagt, hauptsächlich nicht rein.

Aber die Leute haben es ja sowieso gewusst, dass da die von der Irrenanstalt nach Grafeneck transportiert worden sind, die Geisteskranken, das lebensunwerte Leben. Und was mit ihnen passiert ist, hat man auch gewusst, man hat ja den Rauch aufsteigen sehn vom ehemaligen Lustschlössle.

10 000 behinderte Menschen sind da umgebracht worden. Durch den Kamin gelassen.

Und dann war mit einem Mal Schluss. Kein grauer Bus mehr, kein Rauch mehr.

Warum war mit einem Mal Schluss? Weil die Leute anfingen zu munkeln. Das konnten die Nazis gar nicht brauchen.

Es gibt Dokumente, die nicht nur beweisen, was da in Grafeneck sich abgespielt hat, sie zeigen auch, dass ein gewisser Widerstand von der Bevölkerung möglich war.

Es folgen Kopien einiger Briefe. Sie waren zum Teil als Geheime Kommandosache oder Geheime Reichssache eingestuft.

Mauren den 25.November 1940

Liebe Frau Buch!

Es ist wohl am einfachsten,ich richte diesen Brief an Sie mit der Bitte, ihn an Ihren Mann weiterzuleiten oder ihm denselben einzuhändigen wenn er nach hause kommt,falls Sie das für richtiger halten.Doris schrieb uns vor einiger Zeit,dass er in Polen sei?

Das Problem,das mich heute zu Ihnen führt,ist kein persönliches Anliegen,sondern es geht uns alle an und ist,wie mir scheint,das schwerste von allen,mit denen wir uns bis jetzt haben befassen müssen.Mein Vertrauen auf eine siegreiche Überwindung aller Schwierigkeiten und Gefahren,die sich dem " grösseren Deutschland " auf seinem Weg entgegengestellt haben,ist bis jetzt durch nichts erschüttert worden,und ich habe mich im Glauben an den Führer unbeirrt durch alle Dickichte gekämpft; aber bei dem,was jetzt an uns herantritt,wird einem,wie mir gestern eine junge 100%tige Parteigenossin sagte,die im rassenpolitischen Amt mitarbeitet,einfach der Boden unter den Füssen weggezogen.

Sie wissen sicher von den Massnahmen,durch die wir uns zur Zeit der unheilbar Geisteskranken entledigen,aber vielleicht haben Sie doch keine rechte Vorstellung davon,in welcher Weise und in welch ungeheuerlichen Umfang es geschieht,und wie entsetzlich der Eindruck ist im Volk! Hier in Württemberg spielt sich die Tragödie in Grafeneck auf der Alb ab,wodurch dieser Ort einen ganz schauerlichen Klang bekommen hat.Anfang wehrte man sich instinktiv dagegen,die Sache zu glauben oder hielt die Gerüchte zum mindesten für masslos übertrieben.Mir wurde noch bei unsrer letzten Arbeitstagung auf der Gauschule in Stuttgart Mitte Oktober von " gutunterrichteter " Seite versichert,es handle sich nur um die absoluten Kretinen,und die " Euthanasie "werde nur in ganz streng geprüften Fällen angewendet.Jetzt ist es ganz unmöglich,diese Version noch irgend einem Menschen glaubhaft zu machen und die absolut sicher bezeugten Einzelfälle schiessen wie Pilze aus dem Boden.Man kann vielleicht 20% abziehen,aber selbst wenn man 50% Prozent abziehen wollte,wäre damit nichts gebessert. Das Furchtbare und Gefährliche ist ja nicht so sehr die Tatsache an sich;wenn ein Gesetz geschaffen worden wäre in der Art des Sterilisationsgesetzes,das eine bestimmte Kategorie von Kranken unter schärfster fachmännischer Prüfung festgesetzt hätte,Kranke,die wirklich keinen Funken des Erkennens und menschlichen Fühlens mehr in sich tragen,dann bin ich überzeugt,dass nach anfänglicher Aufregung die Gemüter sich beru nigt und die Menschen sich damit abgefunden hätten, vielleicht leichter, als mit dem Sterilisationsgesetz. Man hätte in einigen Jahren vielleicht schon kaum mehr begriffen, warum man dieses Wohltätige Gesetz nicht schon längst eingeführt habe ? Aber so, wie die Sache sich jetzt abspielt, sind, die Wirkungen in jeder Hinsicht unabsehbar. Man kann darüber verschiedener Meinung sein, inwieweit Menschen sich das Recht anmassen dürfen, über Tod und Leben ihrer Mitmenschen zu entscheiden; eins steht doch wohl fest Dieses Recht muss gesetzlich streng festgelegt und mit höchster Gewissenhaftigkeit ausgeübt werden, wenn nicht den gefährlichsten Leidenschaften und dem Verbrechen Tür und Tor geöffnet werden soll. Es war doch von jeher eine beliebte Methode, sich z.B. unbequemer Verwandter dadurch zu entledigen, dass man sie für verrückt erklärte und im Irrenhaus unterbrachte. Meiner Meinung nach hätte dann auch das Volk das Recht, von diesem Gesetz zu wissen, so wie es um das Sterilisierungsgesetz gewusst hat. Das furchtbare im gegenwärtigen Fall ist das "öffentliche Geheimnis", das ein Gefühl entsetzlicher Unsicherheit erzeugt. Man konnte doch unmöglich damit rechnen, das Geheimnis auf die Dauer zu wahren, auch wenn man dem der es verraten würde mit der Todesstrafe drohte, wie dies der Fall sein soll? Auch dass man den Leuten zumutete, an die mysteriöse "Seuche " zu glauben, der ihre Angehörigen zum Opfer gefallen sein sollten, war unerhört und ein nicht wieder gutzumachender Fehler! Ob die für diese Sache Verantwortlichen sich garnicht bewusst sind, welches Mass von Vertrauen sie dadurch zerstört haben? Jeder muss sich hinfort fragen: Was kann man noch glauben? Wohin wird dieser Weg uns führen und wo wird die Grenze gezogen werden? Es sind ja durchaus nicht nu die hoffnungslos Verblödeten und Umnachteten, die es trifft, sondern wie es scheint werden allmählich alle unheilbar Geisteskranken -daneben auch Epileptiker, die geistig garnicht gestört sind -erfasst. Darunter befinden sich vielfach Menschen, die am Leben noch Anteil nehmen, ihr bescheidenes Teil Arbeit leisten, die mit ihren Angehörigen in brieflichem Verkehr stehen; Menschen, die, wenn das graue Auto der SS kommt , wissen wohin es geht und was ihnen bevorsteht. Und die Bauern auf der Alb, die auf dem Feld arbeiten und diese Autos vorbeifahren sehen, wissen auch, wohin sie fahren und sehen sehen Tag und Nacht den Schornstein des Krematoriums rauchen. Wir wissen doch auch, dass unter den unheilbar Geisteskranken sich viele geistig hochstehende Menschen befinden, solche, die nur partiell gestört und solche, die nur periodisch gestört sind, und die dazwischen Zeiten vollkommener Klarheit und erhöhter Geistestätigkeit haben. Genügte es denn nicht, dass man sie sterilisiert hat, und ist es nicht entsetzlich zu denken, dass über diesen allen nun das Damoklesschwert von Grafeneck hängt?

Wie ich das alles so hinschreibe, erfasst mich wieder dermassen die Ungeheuerlichkeit dieser Dinge, dass ich meine, ich müsse aus einem bösen Traum erwachen! Und ausgerechnet jetzt soll die Frauenschaft eine grosse Werbeaktion in Scene setzen! Was ist das aber für Werbematerial für die katholische Kirche!

Jetzt klammern die Menschen sich noch an die Hoffnung, dass der Führer um diese Dinge nicht weiss, nicht wissen Könne, sonst würde er dagegen einschreiten; auf keinen Fall wisse er, in welcher Weise und in welchem Umfang sie geschehen. Ich habe aber das Gefühl, als dürfe es nicht mehr lang so weitergehen, sonst ist auch dieses Vertrauen erschüttert. Es ist ja immer wieder ergreifend, gerade bei einfachen Menschen diesem Vertrauen, diesem selbstverständlichen: "Der Führer weiss davon selbstverständlich nichts" zu begegnen, und diese Waffe müssen wir blank erhalten wie keine andere! Aber wir können es nicht dadurch erreichen, dass wir möglichst lang versuchen, den Leuten Sand in die Augen zu streuen, sie mit Ausreden und Beschwichtigungen hinzuhalten, wenn sie uns fragen; mit Ausreden, die wir selbst nicht glauben. Ich bin auch überzeugt, dass es sich einmal schwer rächen würde, wenn man das gesunde Gefühl des Widerstandes gegen diese Vorgänge im Volk abstumpfen und zum Schweigen bringen wollte; es ist das Gefühl für Recht und Gerechtigkeit, ohne das ein Volk unweigerlich auf die schiefe Ebene gerät. Man darf die Welle der Empörung aber nicht so stark werden lassen, dass sie sich gewaltsam Bahn bricht oder, was noch schlimmer wäre, uns von innen heraus anfrisst. Die Sache muss vor das Ohr des Führers gebracht werden, ehe es zu spät ist, und es muss doch einen Weg geben, auf dem die Stimme des deutschen Volkes das Ohr seines Führers erreicht !

Es gäbe noch viel, was man zu diesem Thema sagen könnte, aber ich glaube, dass ich das Wesentlichste gesagt habe, und ich will die Hoffnung nicht fahren lassen, dass die vereinten Kräfte derer, die klar die Gefahr erkennen und den nötigen Mut aufbringen, dazu helfen werden, dass wir aus diesem Irrsal wieder herausfinden. -Ich hoffe, dass es Ihnen und allen Ihrigen gut geht, dass Sie vor allem auch von den Söhnen an der Front gute Nachricht haben und einem trotz allem frohen Kriegsweihnachten entgegensehen. Ich habe immer noch meine Tochter mit den beiden Kindern hier, die wohl den Krieg hier überdauern wird, -d.h. so lang, als wir noch im Schloss hausen; wir haben uns ja leider entschliessen müssen, es zum Frühjahr an den weiblichen Arbeitsdienst zu vermieten, weil wir sonst das Gut finanziell nicht halten können. Wir hoffen, bald im Gartem ein kleines Haus bauen zu können, das wir mit einen Mädchen bewirtschaften können, die Frage ist nur, wo wir bleiben werden bis dieses Häuschen fertig ist? Ende der Woche kommt nun auch noch meine Schwiegertochter, die geborene Engländerin, mit ihrem Kindchen, weil sie in Chemnitz keine Wohnung finden können, so wird das Schloss vor der Räumung wenigstens noch einmal gründlich ausgenützt.

Mit herzlichen Grüssen, auch an Ihren Mann, und

Heil Hitler!

bin ich Ihre

Elsa v. Löwis

Der Oberste Richter
der
NSDAP.

München 33, den 7.Dezember 1940.
Fernruf 50812-50815, 50825

An den
Reichsführer SS und Chef der Deutschen Polizei,
Herrn Reichsleiter Heinrich H i m m l e r ,
B e r l i n SW 11,
Prinz Albrecht-Straße 8.

Persönlich!
Vertraulich!
Einschreiben!

Lieber Parteigenosse Himmler!

In der Anlage übergebe ich Ihnen den Brief einer meiner ältesten Bekannten, der Frau Else von Löwis of Menar, aus dem die seelische Not dieser Frau - ich möchte sagen - zum Himmel schreit.

Mein lieber Himmler! Es hat für mich in meinem Leben drei Frauen gegeben, die ich ausserhalb aller anderen stellen musste. Alle drei waren für mich eher vom Himmel gestiegene nordische Göttinnen als Frauen, zu denen ich etwa hätte auf die gleiche Stufe treten dürfen. Die eine war Karin G ö r i n g, die beiden andern: die Schwestern Grete und Else von D u s c h, (jetzt Frau von Löwis). Der Vater war badischer Justizminister, mit meinem Vater befreundet. Wenn die Familie: Eltern, Schwestern und Bruder aufkreuzte, alle zwischen 1,80 und 1,90 m groß, dann versank alles andere. Ich habe nie wieder in meinem Leben so bildschöne, nordische Menschen gesehen. Der Bruder Alex war bis zu seinem kürzlichen Tod die rechte Hand von Robert Wagner in Karlsruhe in der Statthalterei.

Wenn ich nicht so grenzenloses Vertrauen zu meinem Reichsführer SS hätte und damit die Gewissheit, dass der Frau auf ihren Brief hin nichts geschieht, dann hätte ich ihn nie abgeschickt. Aber ich weiss, dass die Frau, die nur ganz wenig älter ist als ich, glühend an der Bewegung hängt und von ihrem Familiensitz, Schloß Mauren, Kreis Böblingen in Württemberg aus schon unendlich viel als Frauenschaftsführerin getan hat. Wenn sie uns so schreibt, dann nur, weil sie sich in ihrer Not nicht auskennt und weil sie Dinge sieht, die ihr nicht in den Kopf wollen. Sie versteht es ebenso wenig wie ich. Ich habe nie davon gehört, kann mir vorstellen, was los ist, bin aber der Auffassung, dass etwas daran falsch sein muss, wenn es solche Wogen schlägt. Es gibt gewiss Dinge, die ein Mann verkraftet, an die man aber eine Frau nie hinkommen lassen darf.

Also, wenn heute Dinge von uns angepackt werden müssen, weil wir das ewige Leben unseres Volkes erringen wollen, Dinge, vor denen Frauen schaudern müssen, dann müssen sie so angepackt werden, dass sie wirklich verborgen bleiben.

Meine Bitte geht dahin, den Dingen nachzugehen, ohne die Frau, für die ich ganz und gar bürge, damit weiter zu behelligen. Irgend etwas muss da falsch sein und von Schaden für die Bewegung, sonst wäre die gute Seele nicht so aus dem Häuschen geraten.

Heil Hitler!

Ihr getreuer

Anlage.

903/45

Mei/C. Geheime Reichssache 19. 12.1940

SS-Standartenführer Viktor B r a c k ,
Stabsleiter bei Reichsleiter B o u h l e r ,
B e r l i n W 8

Lieber B r a c k !

Wie ich höre, ist auf der Alb wegen der Anstalt Grafeneck eine große Erregung.

Die Bevölkerung kennt das graue Auto der SS und glaubt zu wissen, was sich in dem dauernd rauchenden Krematorium abspielt. Was dort geschieht, ist ein Geheimnis und ist es doch nicht mehr.

Somit ist dort die schlimmste Stimmung ausgebrochen, und es bleibt meines Erachtens nur übrig, an dieser Stelle die Verwendung der Anstalt einzustellen und allenfalls in einer klugen und vernünftigen Weise aufklärend zu wirken, indem man gerade in der dortigen Gegend Filme über Erb- und Geisteskranke laufen läßt.

Ich darf Sie um eine Mitteilung bitten, wie dieses schwierige Problem gelöst wurde.

H e i l H i t l e r !

914/40 Geheime Reichssache

19. 12.1940 IVa/213

Wei/C.

An den

Obersten Richter der NSDAP, Pg. Walter Buch, München 33.

Lieber Parteigenosse B u c h !

Herzlichen Dank für Ihr Schreiben vom 7.Dez.40. Das, was dort vor sich geht - davon darf ich Sie vertraulich unterrichten - geschieht auf Grund einer Ermächtigung des Führers durch eine Kommission von Ärzten. Die Auswahl wird nach menschlichem Ermessen gewissenhaft und gerecht vorgenommen, nicht von einem einzelnen, sondern von einer Kommission, von der jedes Mitglied zunächst unabhängig seine Entscheidung fällt.

Die ϟϟ hilft hier nur durch Wagen, Autos u.ä. aus. Der fachkundige und verantwortungsvolle Arzt ist der Befehlende.

In einem Punkt gebe ich Ihnen Recht. Wenn die Angelegenheit so publik wird, wie offenkundig dort, so liegen Fehler in der Durchführung vor. Daß die Durchführung allerdings immer schwer ist, ist auf der anderen Seite klar.

Ich werde mit der zuständigen Stelle sofort in Verbindung treten und sie auf die Fehler aufmerksam machen und den Rat geben, Grafeneck einschlafen zu lassen.

Daß Frau von Löwis in die Angelegenheit nicht hereingezogen wird, ist selbstverständlich.

Wenn wir uns wieder einmal sprechen, werde ich Sie mündlich genauer unterrichten, so daß auch Sie, falls Sie dazu Gelegenheit haben, Frau v. Löwis näher informieren können.

Herzlichen Gruß und

H e i l H i t l e r !
I h r

Ja, Grafeneck haben sie dann tatsächlich »einschlafen« lassen. Damit war's für die Leute hier in der Gegend erst mal vorbei. Dass es woanders umso schrecklicher weiterging, hat zunächst niemand geahnt. Wie viel die Leute später wirklich gewusst haben von dem großen Morden, lässt sich nicht sagen.

Mein Vater war Parteigenosse, wohl nicht sehr aktiv. Auch er konnte, wie der Hansonkel, die primitiven Leute, die da Ortsgruppenführer, Kreisleiter und Gauleiter waren, nicht leiden. Aber Widerstand hat er wohl nicht geleistet. Ich habe lange nach dem Krieg mal zu ihm gesagt, ich mach dir keinen Vorwurf. Ich weiß auch nicht, was ich damals gemacht hätt. Ich mache höchstens den Leuten einen Vorwurf, die heut noch unbelehrbar sind.

Luftschutz im Bierkeller und die Bombardierung von Ulm

Luftschutzalarm hat bei uns niemand ernst genommen. In den Keller gehn, wegen ein paar Kondensstreifen am Himmel? Nein, auf die Straße haben wir uns gestellt und gehorcht auf das Gebrumm und geguckt und gemutmaßt, wohin die wohl fliegen zum Abladen.

Nur in der Schulzeit, wenn's da Alarm gab, das haben wir ernst genommen, auch wenn der Lehrer gar nicht wollte. Er wollte wegen so einem Alarm eigentlich den Unterricht nicht unterbrechen. Aber wozu hatten wir dann geübt? Unsere Luftschutzübungen, die hat der Lehrer gewissenhaft mit uns gemacht. Da sind zwei Klassen in Radwirts Keller gelaufen und zwei Klassen in Löwenwirts Keller. Da hockten wir zwischen den Fässern und den Brotlaiben und dem Käs und den Kartoffeln. Und wenn es noch so muffig roch, es war immer noch besser, als in der Schule Rechenaufgaben machen zu müssen.

Und dann ist Ulm bombardiert worden! Da gab es Großalarm. Das war nicht Berlin oder Hamburg oder das Ruhrgebiet, das war ganz in unsrer Nähe.

Man hat es ja kommen sehen. Und ich hatte noch gesagt, da reichen vier Bomber aus für Ulm, dann ist Ulm zerstört. So eine schreckliche Vorstellung hatte ich von denen. Aber dann kamen hunderte. Am helllichten Tag und in der Nacht.

Da haben wir die Helle gesehen über Ulm. Erst die Christbäume, Leuchtchristbäume über Ulm. Und gedröhnt hat die Luft, in immer neuen Wellen kamen die Bomber und dröhnten über uns hinweg.

Sie zerstörten Ulm vollständig bis auf das Münster, rund um das Münster alles zerstört, der höchste Kirchturm der Welt blieb stehn samt der Kirche.

Am Tag passierte dann was bei uns! Es gab keinen Alarm, wir hörten auch kein Flugzeug. Wir hörten es nur krachen in Richtung Ehrenfels. Mehrere Explosionen und dann stieg Rauch auf aus dem Werfental. Wir rannten natürlich los. Da ist ein Flugzeug abgestürzt! Wir rannten das Werfental runter. Fast unten bei Ehrenfels kam der Rauch aus dem Wald. Wir rein in den Wald. Angekohlte Baumstämme. Und dann: aufgepasst! Da stecken noch kleine Bomben im Boden, Blindgänger! Wenn man da drauftritt, explodieren die. Sind bloß Brandbomben, meinte einer, nicht so gefährlich.

Dann kam der große Trichter, ein gewaltiger Bombenkrater. Oder hatte sich da das Flugzeug reingebohrt? Nein, das muss erst ein Stück weiter weg runtergekommen sein. Aber einen leeren Tank haben wir noch gefunden. Wunderbar, den konnte man wieder ausschneiden, dann war das ein Kajak, damit konnte man auf der Lauter fahren. So einen hatten wir schon. Hat schon mal ein Flieger einen abgeworfen und wir haben ihn gefunden. Den Piloten hat man auch gefunden, der war mit dem Fallschirm abgesprungen.

Wo war jetzt dieser Flieger abgestürzt? Ganz in der Nähe sicher. War ja eigentlich anständig von dem Piloten, seine Bomben in den Wald zu schmeißen, bevor er womöglich auf ein Dorf kracht. Bei Heiligkreuztal sei er runter und einer bei Erbstetten und einer bei Hailtingen am Bussen. Da war was los in der Luft! Luftkämpfe! Wo der Krieg doch schon fast rum war. Für uns Buben allerdings nicht. Wir wollten immer noch siegen.

Also, im Wald bei Schloss Ehrenfels sind wir.

Der Bürgermeister kam jetzt auch dahergeschnauft: Die Blindgänger sind äußerst gefährlich und die Brandbomben sind Phosphorbomben, ganz gefährlich. Das ganze Gelände wird abgesperrt.

O Bürgermeisterle, es war Sonntagnachmittag, da machen die Leute einen Spaziergang. Und heute gab es natürlich nur ein Ziel: das Bombengelände im Werfental. Das muss man doch gesehen haben! Nachher kannst ja absperren, Bürgermeister.

Es ist tatsächlich nichts passiert. Der Bürgermeister hat gesagt, das ist ein Wunder und hat dann persönlich Wache gehalten. Er wollte uns auch den Benzintank vermiesen. Der ist ganz giftig, ganz gefährlich, ganz giftig. Jaja, Bürgermeisterle, schon recht. In der Lauter wird der sauber. Wir lassen uns doch so einen Spaß nicht vermiesen, Bürgermeisterle!

Holzvergaser

Hat es die schon kurz vor Ende des Krieges gegeben oder erst nach 1945? Weiß ich nicht mehr. Holzvergaser, das waren Busse oder Lastwagen, an denen ein Ofen angebaut war, hinten oder an der Seite. Der Ofen musste dauernd brennen und Rauch abgeben, Gas. Das trieb den Motor an.

Jeder Ofen hatte eine Lüftungsklappe, ein kleines, rundes Loch, so groß wie ein Schuhwichseschachteldeckele.

Auf dem Loch war an einem Scharnier ein Deckel. Der bewegte sich auf und zu, so dass ständig Luft rein konnte. Wenn das Loch verstopft war, ging der Motor aus, das Auto blieb stehen. Wer das als Erster herausgefunden hat, weiß ich nicht mehr. Vielleicht der, der dann mal so recht den Ranzen vollgehauen bekam mit dem Hageschwanz.

Es war mühsam für den Chauffeur von so einem Lastwagen oder von dem einzigen Bus, den es weit und breit gab, das Feuer am Brennen zu halten. Oft musste der Chauffeur auf offener Strecke anhalten und Holz nachlegen, das heißt hinaufklettern und einen Sack mit Holz oben in den Ofen reinschütten. Und dann unten für Luftzufuhr sorgen. Ein ganz mühsames Geschäft, diese Busfahrerei unter solchen Umständen.

Für uns Buben war das natürlich ein reiner Spaß, den Bus zum Stehen zu bringen. Man brauchte nur ein Schuhwichseschachteldeckele auf die runde Öffnung auf halber Höhe am Ofen zu halten, das wurde angesogen, blieb hängen, verstopfte die Luftzufuhr, das Fahrzeug blieb stehn.

Der Bus hielt immer bei der Kirche. Dann nahm er Anlauf, um den Wilden-Mann-Berg zu schaffen. Das war die Stelle, wo er verwundbar war wie der Siegfried, entweder gleich beim Anfahren oder dann am Berg. Ich war auch mal dran mit dem Schuhwichseschachteldeckelchen. Inzwischen wusste aber der Chauffeur schon, was fällig war, wenn er durch unser Städtle fuhr. Er hatte sich einen Hageschwanz besorgt, ein peitschensteckenartiges Schlaginstrument, das furchtbar zog! Alle guckten zu bei meiner Mutprobe. Ich also das Deckele drauf, der Bus schnaufte gerade noch um die Ecke und hatte dann am Wilden-Mann-Berg ausgeschnauft. Auf halber Höhe blieb er stehen.

Alle rannten davon. Ich blieb stehn.

Der Chauffeur stürzte wie ein wilder Stier heraus.

Ich dachte: Aus ist's mit mir. Aber er rannte an mir vorbei, den wegrennenden Buben nach. Er erwischte auch einen, und der konnte zwei Tage lang nicht mehr sitzen.

Auf die Idee, dass ich es war, ist er gar nicht gekommen, denn ich bin ja nicht weggelaufen.

Den Trick muss ich mir merken, dachte ich. Das muss ich mir merken für andere Gelegenheiten, bei denen der Trick auch nützlich sein kann.

Derjenige, der die Prügel bekommen hatte, hat mich anschließend nicht beschimpft, er hat mir Achtung gezollt. Der Rulaman ist in die Schar der Männer aufgenommen worden, als er den Höhlenlöwen erlegt hatte. Ich bin in die Schar der Lausbuben aufgenommen worden, als ich den Bus zum Stehen gebracht hatte und selber kaltblütig stehn geblieben war.

Der Rabe und der Gockel und die Gans namens Dracula

Dass unsre Zuchthündin Butzi, meine Kindsmagd, überfahren worden ist, hab ich schon erzählt, und dass ich meine Schildkröte noch fütterte, als sie schon längst tot war, auch. Und die Fische haben auch nicht lange überlebt.

Dafür habe ich einen Raben aufgezogen hinter Maschendraht.

Der Rabe hockte auf der Wacholderheide plötzlich vor mir und flog nicht auf. Er flatterte nur mit einem Flügel und hüpfte mühsam weiter. Ich guckte ihm eine Weile zu, dann war klar: Der Rabe ist verletzt, der kommt in der Wildnis nicht davon.

Er hat sich von mir fangen lassen und ich hab ihn heimgetragen. Wohin mit ihm? Erst mal in die Küche und gucken, was er fressen möchte. Brot? Nein. Ach so: Würmer! Hat es in der Küche natürlich nicht, die musste ich ihm besorgen. Aber wohin so lange mit dem Raben? Ein Hasenstall mit einer Maschendrahttür, das wäre richtig. Also muss ein Hase umziehn, rein zu den andern. Sie müssen halt zusammenrücken. Tun die ja gern.

Dem Raben ist es gut gegangen. Mit dem habe ich mehr Glück gehabt als mit der Schildkröte und den Fischen. Ich hab den Garten umgewühlt und Würmer rausgezogen. Die hat er gemocht. Ich hab auch jeden Tag geguckt, ob es mit seinem Flügel besser ist, hab ihn rausgenommen und hüpfen lassen.

Es schien ihm jeden Tag besser zu gehn. Vielleicht kann er bald wieder fliegen, dachte ich, dann bin ich gespannt, ob er wiederkommt.

Dass nicht alle ihre Freude an dem Raben hatten, habe ich nicht gemerkt. Dass die Hühner und vor allem der Gockel sich komisch benommen haben, ist mir erst im Nachhinein aufgegangen.

Ich habe nach der Schule immer sofort Würmer gesucht und bin zu meinem Raben gegangen.

Eines Tages komm ich zum Hasenstall mit einer Hand voll Würmer. Da sitzt der Rabe im Stall und hat keine Kopfhaut mehr. Der Gockel stolziert und lässt sich von seiner Hühnerschar hofieren. Der Gockel! Der Gockel hat dem Raben die Kopfhaut abgezogen, durch das Maschendrahtgitter durch! Was jetzt? Was jetzt? Was konnte ich tun? Den Gockel fangen und ihn verprügeln?

Ich hab mich vor allem erst um den Raben kümmern müssen.

Ich habe ihn herausgeholt. Was kann ich tun? Da hilft nichts mehr. Der Rabe wird so nicht davonkommen.

Ich kann ihn höchstens erlösen. Ich hab ihn auf den Gartenzaun gesetzt, hab einen Stecken genommen und hab weit ausgeholt und den Raben im Genick getroffen. Er war sofort tot. Wenn ich den Gockel erwischt hätte, dem wäre es genauso gegangen!

Die Schildkröte, die Fische, Butzi, der Rabe.

Kein Glück mit Tieren.

Oder doch?

Als Erwachsener, als Redakteur beim Süddeutschen Rundfunk, da haben wir einen Film gemacht über Konrad Lorenz und seine Wildgänse.

Als wir hingekommen sind, da sind grad welche aus den Eiern geschlüpft. Dass diese Jungen auf den Menschen geprägt werden können, haben wir schon gewusst, das wollten wir mit dem Film auch zeigen. Ich habe mir gleich ein junges Gänschen, das gerade schlüpfte, vorgenommen, habe die Laute, die Lockrufe einer erwachsenen Gans nachgeahmt: gang, gang, gang, gang! Und: wiwiwiwiwi!

Das Gänschen ist mir gefolgt.

Nicht nur dort bei Konrad Lorenz. Er hat es mir geschenkt. Ich hab es in eine Schachtel gesteckt und hab es mit nach Hause genommen und groß gezogen. Es hat auf meiner Brust geschlafen und hat mich frühmorgens an den Brusthaaren gezogen und so geweckt, da musste ich mit ihm raus und es im Garten weiden.

Ich habe es auch mit in die Redaktion genommen. Der Fernsehdirektor hat gemeint: Es ist schon vorgekommen, dass Sekretärinnen ihr Schoßhündchen mit ins Büro gebracht haben, aber dass einer eine Gans mitbringt, das erleb ich zum ersten Mal.

Das Gänschen ist prächtig gediehen. Es ist mir immer gefolgt. Wenn es jemand festgehalten hat und ich bin weggegangen, dass es mich nicht mehr gesehen hat, und ich hab dann wiwiwiwi gerufen, da ist es, halb getrippelt, halb geflogen, zu mir gekommen. Bald würde es fliegen können. Würde es abhauen? Würde es wiederkommen?

Erst mal durfte es noch Theater spielen. Auf unsrer Freilichtbühne auf der Alb, unserm Naturtheater.

Da gab es ein Stück, das auf einem Jahrmarkt spielte. Da passte die Gans wunderbar dazu. Ich hab natürlich auch vorgeführt, wie sie mir auf Schritt und Tritt folgte. Und wenn jemand sie hinter der Bühne festhielt und dann losließ, wenn ich auf der Bühne wiwiwiwi machte, dann kam sie daher, so schnell es ging, und blieb bei mir.

Überallhin habe ich sie nicht mitgenommen.

Manchmal habe ich sie auch bei uns im Garten gelassen, während ich weg war.

Eines Tages komme ich heim. Da weint meine Mutter.

Was ist denn? Sie sagt mir nichts. Ich schau aus dem Fenster: Da sitzt Dracula unter einem Baum. Ich mache das Fenster auf, mache wiwiwiwi. Die Gans, sie kommt nicht. Schläft sie? Ich gehe raus: wiwiwiwiwi!, ich gehe hin, berühre sie, da sinkt der Kopf runter. Tot ist sie.

Meine Mutter ist mir nachgekommen. Ja, sagt sie, der Nachbarschäferhund ist in den Garten gekommen. Ein Biss und sofort war er wieder weg. Sie hat nicht leiden müssen, glaub ich. Du wirst sie wohl im Theater begraben wollen?

Ja, das hab ich gemacht und hab dann in der nächsten Vorstellung ein Lied gesungen auf meine Gans Dracula, die jetzt bald hätte fliegen können, dann hätte kein Schäferhund sie mehr erwischt.

Lebt wohl, ihr Söflinger Bauern

Wenn alte Kriegsveteranen aus dem Ersten Weltkrieg von 1914/18 in der Frisörstube gehockt sind, hast du als Kind natürlich warten müssen. Da ist es nicht der Reihe nach gegangen. Klar. Auch wenn du Zahnweh gehabt hast und eine dicke Backe wie beim Wochendippel.

Der Frisör ist auch Zahnzieher gewesen, hat auch Zähne gezogen, zwischen dem Haareschneiden. Auf demselben Stuhl. Aber wie gesagt, warten hast du müssen als Kind. Das haben sie dir daheim dann gar nicht geglaubt, dass es so lange gedauert hat, da hat man dich geschimpft, weil du natürlich wieder rumgetritschelt hast im Städtle rum, statt gleich heimzukommen und dich in den Kolonialwarenladen schicken zu lassen zum Einkaufen. Die Mutter hat es ja nicht wissen können, wie es zugegangen ist beim Frisör, die ist ja nie zum Frisör, die hat sich Lockenwickler rein und dann mit der Brennschere gedreht. Nein, die hat's nicht wissen können, wie viel Wert du beim Frisör als Kind gehabt hast. Erstens: Das Alter geht selbstverständlich vor, und dann hast du ja auch gar kein Geld dabeigehabt, sondern gesagt: Mei Mutter zahlt's dann. Da hat der alte Frisör nur jaja gesagt und die alte Frisörin, die einem den Kopf gehalten hat beim Zahnziehen, die hat einem ihren einzigen Zahn gezeigt. Da hat sie ausgesehn wie eine Hexe. Ist sie sicher auch eine gewesen. Sicher.

Also warten hat es geheißen beim Frisörzahnzieher. Dafür hast du aber auch Geschichten zu hören gekriegt – mein Lieber! Aus dem Ersten Weltkrieg zum Beispiel. Die haben gar nicht dran gedacht, dass da ein Kind hockt und Maulaffen feilhält. Was soll es denn tun. Sie haben auch gesungen, die Alten, das Lied von den Söflinger Bauern, weil sie in Söflingen zusammen in der Kaserne waren:

Lebt wohl, ihr Söflinger Bauern,
mit eurem Kartoffelsalat,
ihr wollt't uns das Leben versauern,
das habt ihr ja selber gesagt.

Leb wohl, Kartoffelsuppe,
Speck, Bohnen und Gulasch dazu,
lebt wohl, ihr Söflinger Bauern,
Reserve hat jetzt Ruh!

Der alte Frisör, der alte Löwenwirt, der Schurer, der Vogel Karl, das sind die ältesten gewesen. Und sie haben jedes Mal so getan, als täten sie eine ganz neue Geschichte erzählen. Jedes Mal, wenn einer was erzählt gehabt hat, hat sofort der Nächste angefangen. Mann gegen Mann, das war so ein Thema zum Beispiel. Da hat jeder was gewusst. Ha, da hast du gar keine andre Wahl gehabt. Du oder ich. Mit dem Bajonett. Immer das Bajonett aufgepflanzt. Immer. Die Franzosen ja genauso.

Bloß, die haben's leichter gehabt, die haben uns ja kommen lassen, die haben uns ihre Bajonette entgegengestreckt. Ich hatt einen Kameraden – mein Lieber!

Aber einmal – hat der alte Frisör gekräht – haben wir die Franzosen auch kommen lassen. Was heißt kommen lassen, wir haben grad Zigaretten gedreht und an nix Böses gedacht, da sind die Franzosen schon über uns. Jetzt du oder ich. Aug in Aug. Da hast du nicht an dem seine Mutter denken dürfen. Bauch aufgeschlitzt, die Gedärme über dich. Der Nächste. Oder soll ich den Bub zwischendurch drannehme? Komm her, Bub, scheren wir dich gschwind. Ach so, du hast en dicke Backe. Weib, gib d'Zang her. Ganz grün ist er im Gsicht, der Kerle. O Kerle! Gedärme über dich. Maul auf, Buale, tut nicht weh. Kopf hoch. Ham mr glei.

Weib, hast'n? Hast'n gut? A Backenzahn. Voller Eiter wahrscheinlich. Das glaub ich, Bub, dass du da Schmerze hast, ha ja! Der sitzt erst no gut. Aber kei Chance, kei Chance. Jetzt. Sodele. So. Guck, des ist er, siehsch, a Eiterbolle dran an der Wurzel, ha des glaub i. Jetz geht's dir wieder gut, sag en Gruß daheim.

Wer kommt jetzt dran? Komm, Karl. In der Gefangenschaft seinerzeit, Läus. Kahl gschore die Köpf alle. Jaja, Zeite sind des gwese, Zeite.

Zehn Buben müssen beichten

Schuld war die fromme Emmerenz. Zehn Buben haben beichten müssen, und alle dasselbe. Die Emmerenzia, die treue Kirchenchorsängerin und Altarschmückerin, die hat zehn Buben verführt im Wald.

Wir durften in den Ferien mit dem Förster in den Wald zum Pflanzen setzen. Der Förster hat uns gezeigt, wie es geht, dann ist er irgendwo anders hin im Wald und hat die fromme Emmerenzia zur Aufseherin über uns bestellt.

Nach zwei Stunden sagte sie: Vesperpause! und hat sich auf einen Baumstumpf gesetzt. Wir Buben haben uns hingelegt oder auf den Boden gesetzt. Da hat der Paul auf einmal losgekichert, und dann hat er losgelacht, so richtig: hohohoho! Er hat mich zu sich gewinkt. Der Paul lag auf dem Bauch in Richtung Emmerenzia. Er winkte mir, ich solle mich neben ihn legen. Ich hab nicht gelacht, ich hab nicht gewusst, was er wollte, aber dann hab ich genau dasselbe gesehn wie der Paul: Die Emmerenzia saß breitbeinig auf dem Baumstumpf, so breitbeinig, dass ihr weiter, wollener Rock sich über den Knien spannte und man deutlich sehen konnte, wo die Strümpfe aufhörten. Und deutlich konnte man was ganz Unglaubliches sehn: Die Emmerenzia hatte keine Hose an! Ungeheurlich! Sensationell! Die weißen Schenkel, da, wo die Strümpfe aufhörten, dann wieder dunkel und dann wieder weiß. Haja, bis zum Bauch konnte man praktisch sehn aus unsrer Lage am Boden. Und das Dunkle war nicht nur Dunkel, da hat man schon auch noch was erahnt und sich was kräuseln sehn. Einfach sensationell. Mit so was Tollem hat keiner rechnen können. Bald lagen alle nebeneinander und übereinander und haben hingestarrt in das hochheiligste Allerwüsteste.

Es hat nicht auffallen dürfen. Die Emmerenzia sollte ja nichts merken. Der Sepp hat das organisiert. Es haben immer nur drei Buben auf einmal auf dem Bauch vor der Emmerenzia liegen dürfen. Und ich hab noch eine weitere Sicherung erfunden. Ich hab ein Stück von einem verkohlten Ast genommen, den hab ich vor mich hingehalten und so getan, als ob ich die Kohle anschaute und hab zu den andern gesagt: Gucket au, die Kohl, die Kohl!

So hat einer nach dem andern den verkohlten Ast genommen und ihn bewundert und andächtig geflüstert: Die Kohl, die Kohl! Dieser Trick hat es gestattet, die eigentliche »Kohl« unterm Rock der Emmerenzia ganz ausgiebig anzustarren.

Ob die Emmerenzia – wie alt ist sie eigentlich gewesen? in unsern Augen natürlich schon ziemlich alt, mindestens dreißig oder vierzig –, also ob die Emmerenzia was gemerkt hat? Sie hat die Vesperpause recht lange geraten lassen. Und in der nächsten Pause hat sie sich wieder genauso hingesetzt, und wir haben uns wieder genau auf unsre Plätze hingeschmissen an der erloschenen Feuerstelle und haben unsere Kohl bewundert.

Ich hab damals keinen Gedanken dran gehabt, aber heute, so im Nachhinein, tät ich ihr wünschen, dass sie auch ihren Spaß gehabt hat. Ich hab jedenfalls ihren Namen in der Beichte nicht verraten. Ich hab auch alle andern gefragt und erfahren: Keiner der andern Buben hat in der Beichte den Namen Emmerenzia verraten. So war der Gesang im Kirchenchor weiterhin so rein und fromm und so unschuldig wie die Blumen, die sie zum Altar trug.

Sie ist längst im Himmel. Und wenn sie da ab und zu mal schmunzeln müsste, wüsste keiner, warum. Nur sie selbst und wir ehemaligen Buben.

Von Manfred Eichhorn

Die Zukunft war schön

Eine schwäbische Kindheit. Geschichten
160 Seiten, fester Einband. ISBN 3-87407-561-3

Hennadäpper

oder: Als die Wachter Hedwig den Regenwurm schluckte.
Eine schwäbische Kindheit. Geschichten
160 Seiten, fester Einband. ISBN 3-87407-541-9

Manfred Eichhorn erzählt in diesen beiden Büchern Episoden aus dem Leben eines kleinen Jungen in der Söflinger Klosterstraße: vom Vater, der immer Wildwestromane liest, von seinen Schul- und Spielkameraden, der Wachter Hedwig, den »bösartigen« Spreng-Zwillingen oder von der Kurz Karin, in die er sich heftig verguckt hat und der er kurze Zeit das Täschle tragen darf. Liebe- und humorvoll, poetisch und manchmal voller Ironie werden so die Fünfzigerjahre wieder lebendig.

In Ihrer Buchhandlung.

Silberburg-Verlag

www.silberburg.de